MOINS D'ÉCRANS POUR LES ENFANTS, C'EST PARTI !

Carl
de Miranda

jouvence
EDITIONS

Dans la collection « C'est fini ! C'est parti ! »

Réduire les ondes électromagnétiques, c'est parti !, Carl de Miranda
Je deviens papa, c'est parti !, Carl de Miranda
Se protéger des addictions aux écrans, c'est parti !, Alexis de Maud'huy
J'apprivoise les sons qui me dérangent, c'est parti !, Dominique Habellion
La géobiologie par soi-même, c'est parti !, Eva Dolezel
Les pensées négatives, c'est fini !, Slavica Bogdanov
Se laisser marcher sur les pieds, c'est fini !, Jean-Louis Muller
S'initier à la méditation, c'est parti !, Olivier Raurich

Catalogue gratuit sur simple demande.

ÉDITIONS JOUVENCE
France : BP 90107 – 74161 Saint-Julien-en-Genevois Cedex
Suisse : Route de Florissant, 97 – 1206 Genève
Site Internet : www.editions-jouvence.com
E-mail : info@editions-jouvence.com

ISBN 978-2-88953-192-9

Composition : Virginie Cauchy
Maquette de couverture : Atelier Didier Thimonier
Illustration couverture : Adobestock / © Vectorovich
Couverture : Éditions Jouvence

L'auteur

Carl de Miranda est auteur et conférencier dans les domaines de la parentalité consciente et de l'épanouissement personnel. Il est polytechnicien, marié et père de quatre enfants. Son approche conjugue rigueur scientifique et sensibilité intérieure.

Carl de Miranda est également le cofondateur de Greenweez.com, qu'il a codirigé pendant plusieurs années et qui est devenu un important site de vente en ligne de produits sains, respectueux de l'homme et de l'environnement.

Site de l'auteur : www.carldemiranda.com

Du même auteur aux Éditions Jouvence :
10 étapes clés sur le chemin du bonheur, 2019
Bien choisir son lieu de vie pour vivre en harmonie, 2018
100 conseils spirituels pour être heureux, 2017
Je deviens papa, c'est parti !, 2017
100 conseils spirituels et pratiques pour devenir parents, 2016
Réduire les ondes électromagnétiques, c'est parti !, 2016

Je m'appelle...

....

et je m'engage à...

....

....

....

....

....

....

Sommaire

Introduction

Ordinateurs, smartphones, consoles de jeux, tablettes numériques, télévisions... C'est une **véritable déferlante d'écrans qui s'est abattue ces dernières années dans la vie quotidienne des enfants**, en France comme un peu partout à travers le monde. De fait, la vie des petits et des adolescents a beaucoup changé en quelques décennies, et **de nombreux jeunes parents se trouvent démunis face à cette nouveauté**. D'un côté, les écrans semblent bien pratiques pour occuper les enfants, et après tout **il faut bien les préparer au monde de demain qui sera sans doute imprégné de technologie**, mais d'un autre côté, un nombre grandissant de parents s'inquiètent de **l'état addictif dans lequel se trouvent leurs enfants vis-à-vis des écrans**, à juste titre. Passer autant de temps devant des écrans n'est pas sans conséquence qu'il s'agisse d'effets physiologiques, psychologiques, émotionnels, sociaux, relationnels... et de nombreuses études scientifiques sont venues en attester. **Cette surabondance d'écrans expose aussi nos enfants à des contenus douteux, peu propices à leur épanouissement et souvent inadaptés à leur âge**. De plus, l'état de dépendance aux écrans conduit nos enfants vers les difficultés et souffrances de l'addiction, les transformant en **« drogués » des écrans**, à qui la vie réelle apparaît fade tandis qu'ils se réfugient de plus en plus dans ce monde virtuel.

STOP ! Il est temps de réagir.

En tant que parents, beaucoup d'entre nous ont vu grandir le problème dans leur foyer **sans vraiment disposer de repères et de solutions pour gérer cette situation**. Dans cet ouvrage, nous allons évoquer ensemble les éléments clés vous permettant de reprendre en mains la gestion des écrans, pour **trouver des solutions équilibrées** pour vos enfants. Il ne s'agit pas de les couper de ce nouveau monde technologique et d'en faire des parias, mais le but est d'**attribuer une place mesurée aux écrans**, permettant ainsi de préserver leur épanouissement complet.

La première partie de l'ouvrage décrit **les nuisances qui accompagnent l'excès d'écrans et l'exposition surabondante à des contenus inadaptés**. Cela vous motivera pour agir et vous donnera aussi des arguments efficaces pour échanger avec vos enfants à ce sujet. Ensuite, vous découvrirez **les moyens concrets d'agir pour retrouver l'équilibre** en déployant un ensemble d'actions et d'attitudes permettant d'endiguer et de **contrôler la présence des écrans dans la vie de vos enfants**.

Le jeu en vaut vraiment la chandelle, alors c'est parti !

1

POURQUOI L'EXCÈS D'ÉCRANS POSE PROBLÈME ?

CHAP. 1

QUELQUES CHIFFRES SUR L'EXPOSITION DES ENFANTS AUX ÉCRANS

Dans les années 1970, les enfants regardaient à peine la télévision et aucun autre écran n'était présent à la maison. Puis la télévision a grignoté de plus en plus de temps, à mesure que le nombre de chaînes augmentait et que les programmes destinés aux enfants se diversifiaient. Dans les années 1980 et 1990, les consoles de jeux et les ordinateurs envahissaient à leur tour progressivement le quotidien. Dans les années 2000, c'est l'arrivée massive d'Internet, puis des smartphones et des tablettes numériques.

En 40 ans, nous sommes passés de presque rien à une exposition massive à toutes sortes d'écrans, les enfants jonglant à longueur de journée entre différents types de supports : **télévision, ordinateur, console de jeux vidéo, smartphone, tablette numérique**.

Des heures et des heures d'écrans chaque jour

Voici quelques chiffres permettant de réaliser l'ampleur du phénomène.

Pour information, lorsque vous verrez une petite note de ce type :[1], vous pourrez trouver à la fin de l'ouvrage en page 125 le nom de l'étude scientifique ou statistique ayant fourni cette donnée.

En France

Voici les derniers chiffres fournis par des instituts publics – Insee, Anses[2]:

En 2015, les enfants de 6 à 17 ans passent en moyenne 4 h 11 min par jour devant des écrans, contre 3 h 9 min en 2006. En 10 ans, le temps d'écran par jour a donc augmenté d'une heure !

Pour les 3-6 ans, la moyenne journalière est déjà de 1 h 47 min. On constate ensuite deux grandes tendances : plus l'âge augmente, plus le temps d'écran augmente et les garçons passent 10 à 20 % de temps en plus que les filles devant les écrans. **C'est ainsi que les garçons de 15 à 17 ans atteignent la moyenne colossale de 5 h 12 min par jour**.

Voici une synthèse des résultats de l'étude de l'Anses : les chiffres indiquent le temps passé par jour devant un écran, tout type d'écrans confondus.

Âge	Garçon	Fille	Moyenne
3-6 ans	2 h	1 h 34	1 h 57
7-10 ans	2 h 39	2 h 18	2 h 28
11-14 ans	3 h 47	3 h 30	3 h 38
15-17 ans	5 h 12	4 h 29	4 h 50

Aux États-Unis

Voici maintenant des chiffres obtenus par des études indépendantes conduites par l'organisme Common Sense[3], portant sur les années 2016 et 2017 :

- **entre 2 et 4 ans, les enfants américains passent déjà 2 h 39 devant les écrans ;**

- **les 13-18 ans atteignent quant à eux une moyenne sidérante de 6 h 40 par jour.**

Aux États-Unis, la durée d'exposition augmente avec l'âge, cependant, garçons et filles passent à peu près autant de temps devant les écrans, et nous en évoquerons les raisons dans les pages qui suivent.

Voici une synthèse des chiffres aux États-Unis, garçons et filles confondus.

Âge	<2 ans	2-4 ans	5-8 ans	8-12 ans	13-18 ans
Moyenne	0 h 42	2 h 39	2 h 56	4 h 36	6 h 40

Quels écrans utilisent les enfants et pour quels usages ?

Derrière ce terme général d'« écrans », il y a bien sûr les différents supports que sont la télévision, l'ordinateur, le smartphone, la console de jeux et la tablette numérique, correspondant à différentes activités. Là aussi, des études statistiques venant des États-Unis nous renseignent de façon détaillée[4].

Aux États-Unis, pour les 0-8 ans, on note logiquement ces dernières années une hausse considérable du temps passé sur les smartphones et tablettes. Et voici la répartition en 2016 du **temps passé par support** par les enfants américains de 0 à 8 ans.

Répartition du temps par support 0-8 ans États-Unis

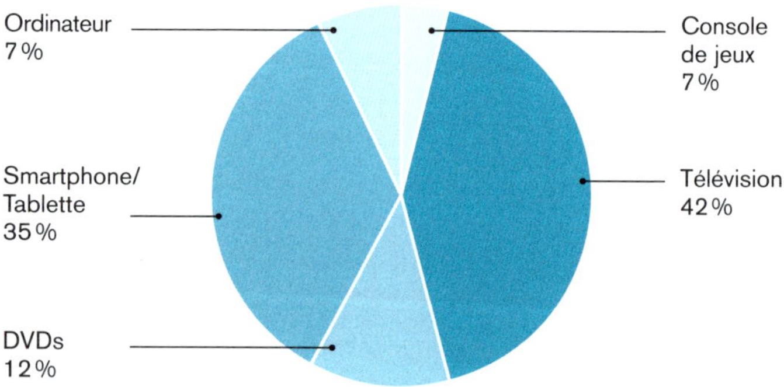

Aux États-Unis toujours, pour les 8-18 ans en 2016, voici maintenant **le temps passé par activité :**

Support	8-12 ans	13-18 ans
Télévision	2 h 01	2 h 03
Vidéos en ligne	0 h 25	0 h 35
Jeux vidéo	1 h 19	1 h 21
Réseaux sociaux	0 h 16	1 h 11
Ordinateur, tablette, smartphone pour autres usages divers (Internet…)	0 h 32	1 h 21

Des différences entre garçons et filles

Bien que garçons et filles utilisent à peu près autant les écrans, il existe tout de même quelques différences quant à l'utilisation et en voici la principale :

Les garçons jouent beaucoup plus aux jeux vidéo tandis que les filles s'adonnent bien plus aux réseaux sociaux. Voici à nouveau des résultats détaillés aux États-Unis [5].

Activité	8-12 ans Garçon	8-12 ans Fille	13-18 ans Garçon	13-18 ans Fille
Jeux vidéo	1 h 40 min	57 min	2 h 01 min	39 min
Réseaux sociaux	6 min	26 min	52 min	1 h 32 min

Cela confirme une observation que beaucoup de parents font aisément : les garçons ont tendance à passer beaucoup plus de temps que les filles sur les jeux vidéo et les filles aiment échanger sur les réseaux sociaux.

LE SAVIEZ-VOUS ?

Statistiquement, moins les revenus des parents sont élevés, plus un enfant passe de temps devant les écrans. De même, moins le niveau d'éducation des parents est élevé, plus un enfant passe du temps devant les écrans. Ce constat se retrouve dans différents pays. En France, si vous n'avez pas le bac, votre garçon entre 6 et 17 ans regardera en moyenne 4,9 heures d'écrans par jour, contre seulement 3,5 heures par jour si vous avez au moins bac+3 [6]. Différentes études scientifiques ont prouvé un lien entre excès de télévision et d'écrans et baisse des résultats scolaires et du niveau de formation atteint par la suite [7]. Par exemple, il a été démontré qu'une augmentation d'une heure de consommation télévisuelle par jour chez un adolescent multipliait par deux le risque d'échec scolaire [8]. Si l'on cherche à donner une égalité des chances aux enfants, il est important d'œuvrer à plus de conscience dans tous les foyers, de tous niveaux sociaux, pour éviter les excès d'écrans.

Les grands excès d'écrans

Jusqu'à maintenant, nous avons parlé à chaque fois de durée d'exposition moyenne aux écrans ; mais évidemment, si telle est la moyenne, cela signifie que bon nombre d'enfants vont bien au-delà de ces durées et il se trouve effectivement des proportions inquiétantes de très gros consommateurs d'écrans.

En 2015, en France[9], plus de 20 % des 15-17 ans, garçons et filles, passent plus de 7 heures par jour devant des écrans. Quant aux enfants des États-Unis, dans la tranche 13-18 ans, ils sont 18 % à passer plus de 10 heures par jour en moyenne sur des écrans[10] !

Quand on sait que ces enfants passent par ailleurs du temps à l'école, on s'interroge sur le temps qu'il leur reste pour vivre d'autres choses. Vous avez d'ailleurs sans doute déjà entendu parler d'enfants gravement intoxiqués aux écrans, jusqu'à des cas extrêmes où ils ne sont plus aptes à vivre une vie sociale normale, ils n'ont parfois plus goût à rien, ils ne savent plus se nourrir ou dormir régulièrement, ils ne parviennent plus à suivre une scolarité… Dans différents pays, notamment en Chine, en Corée du Sud, aux États-Unis, en Inde et bien d'autres… des centres de désintoxication digitale ont vu le jour pour permettre à ces jeunes de retrouver une vie « normale ».

Mais bien avant d'atteindre ces niveaux d'addiction gravement handicapants, nombre d'enfants subissent sans le savoir de nombreuses conséquences négatives liées à leur surconsommation d'écrans. Et nous allons les évoquer par la suite. Mais avant cela, nous allons d'abord chercher à comprendre pourquoi ces écrans sont si attirants pour nos enfants.

EN RÉSUMÉ

- L'exposition des enfants aux écrans a explosé durant les dernières décennies, et continue d'augmenter ces dernières années.
- Les tout-petits sont déjà concernés et plus on avance en âge, plus la durée d'exposition augmente, d'environ 2 heures en moyenne par jour dès l'âge de 3-4 ans, jusqu'à 5 heures et plus à l'approche des 18 ans (variable selon les pays).
- La télévision est encore très regardée, les garçons ont tendance à passer beaucoup de temps sur les jeux vidéo et les filles sur les réseaux sociaux.
- Une proportion significative d'enfants sont en grand excès d'écrans, en état d'addiction plus ou moins grave.

CHAP. 2

L'ATTRAIT FASCINANT DES ÉCRANS

Pour gérer habilement la présence des écrans dans la vie de nos enfants, il nous faut d'abord comprendre la puissante attraction qu'exercent ces outils sur nos petits et nos jeunes. Découvrons donc les divers facteurs expliquant cette fascination.

L'écran, l'outil captivant

Bienvenue dans le monde des rêves

Si un petit enfant de trois ans se met à regarder ses premiers programmes devant un écran de télévision, et que vous prenez le temps de l'observer, vous découvrez alors la toute-puissance hypnotique de l'écran. L'enfant est comme absorbé par ce qui se déroule sur l'écran, comme s'il était absent à l'environnement qui l'entoure, comme s'il était endormi au monde et en train de rêver le spectacle qu'il découvre sur l'écran. Cet état de transe hypnotique s'accompagne d'un certain bien-être, d'une détente vis-à-vis du reste de l'environnement qu'on oublie, comme un rêveur endormi oublie le monde qui l'entoure tandis qu'il est absorbé dans son rêve. Le spectacle qui se déroule sur un écran plonge notre esprit dans un monde virtuel déconnecté du monde réel, ce qui entre naturellement en résonance avec un processus profondément enraciné en nous : le fait de rêver. **Un enfant qui regarde la télévision s'apparente à un enfant en train de rêver.** En tant qu'adultes, lorsque nous nous posons devant la télévision, nous retrouvons nous aussi la détente qui accompagne l'état de rêve tandis que nous oublions le monde, ses contraintes et ses tracas.

Avec l'arrivée des jeux vidéo, les enfants prennent part au rêve. Tout comme nous jouons un rôle dans nos rêves et que nous y devenons tel ou tel personnage parfois différent de celui que nous sommes dans le monde réel, les enfants jouent un rôle au sein du jeu vidéo, ils s'impliquent dans leur jeu tout comme ils s'impliquent dans les rêves qu'ils font lorsqu'ils dorment.

Avoir accès aux mondes des rêves et aux états intérieurs qui vont avec, voilà ce que permettent les écrans. Les livres et les histoires pour enfants plongeaient eux aussi les enfants dans un monde de rêves, mais l'enfant opérait sa propre construction mentale à partir des informations qu'il percevait, cette construction était lente et se faisait au rythme de la lecture tandis que l'implication personnelle dans le rêve restait limitée. Aujourd'hui, c'est comme si les enfants pouvaient pénétrer à volonté dans un état de rêve, déconnecté du réel. Toute une partie de notre biologie et de nos conditionnements nous conduit à aimer l'état de rêve et la détente qui l'accompagne, hors du réel et ses contraintes.

Les écrans outils d'information et de communication

Avec l'arrivée d'Internet, les écrans sont aussi devenus un formidable outil pour accéder à de l'information et pour échanger les uns avec les autres. Là, nous trouvons des moyens pour naviguer dans le monde réel et mieux le comprendre, nous trouvons aussi des moyens pour développer des interactions sociales.

Ainsi, à partir de 8 ans environ et de plus en plus au fil des années, les jeunes utilisent les écrans pour s'informer, échanger et communiquer avec les autres. Les enfants disposent d'outils très puissants par rapport à ceux dont disposaient les jeunes il y a juste quelques dizaines d'années. Les forces vitales qui animent les enfants trouvent, à travers ces nouveaux supports, des outils pour tenter de satisfaire les différents désirs présents en eux. Là aussi, les écrans exercent un attrait fascinant, car ils dotent les enfants d'un pouvoir énorme au service de certains de leurs désirs.

Si vous mettez de formidables outils d'information et de communication entre les mains de personnes mûres et sages, dont l'expérience a été façonnée par le temps, ces personnes en feront certainement bon usage. Si, en revanche, vous mettez ces puissants outils entre les mains d'enfants animés par des forces chaotiques et qui n'ont pas encore mûri, ni trouvé leur équilibre intérieur, vous vous retrouvez alors avec des usages néfastes : des garçons qui passent leur temps à s'entretuer dans des jeux vidéo pour remporter la victoire et être le meilleur, des filles qui se perdent dans leur image virtuelle en voulant être la plus belle et la plus appréciée, une envie naturelle de découvrir la sexualité qui aboutit à une exposition à des scènes pornographiques totalement inadaptées, des recherches d'images et de sensations fortes qui peuvent être naturelles, mais qui aboutissent à des résultats inappropriés pour leur âge…

Laisseriez-vous votre enfant prendre le volant de votre voiture alors qu'il n'a pas appris la conduite ? Bien sûr que non. Lorsque l'on dote les enfants de moyens

puissants, il faut s'assurer qu'ils sachent les utiliser à bon escient. Dans la situation actuelle, nos enfants se retrouvent avec des moyens puissants d'information et de communication qui leur permettent de se comporter presque comme des grands. Évidemment, ils seront intensément attirés par ces moyens d'exprimer les forces qui sont en eux, forces qu'ils ne peuvent pas exprimer aussi facilement dans le quotidien « hors écran ». Cependant, doter les enfants d'outils trop puissants par rapport à leur maturité les conduit inévitablement à des difficultés.

ATTENTION !

Le jeu des hormones

Si vous vous intéressez au sujet de l'exposition des enfants aux écrans, vous entendrez souvent parler des mécanismes hormonaux qui surviennent chez l'enfant, notamment dans son cerveau, lorsqu'il est en relation avec des écrans. À travers le monde, de nombreux médecins spécialistes de l'addictologie ont mis en lumière que les mécanismes hormonaux à l'œuvre dans la relation addictive aux écrans s'apparentent à ceux qui sont à l'œuvre chez des personnes droguées. Le Dr Peter Whybrow, directeur de l'Institut de neuroscience de l'université UCLA en Californie, emploie même les termes de « cocaïne électronique » pour qualifier l'effet addictif des écrans.

...

La présence de ces mécanismes hormonaux très puissants et addictifs en lien avec les écrans révèle que ces derniers agissent sur des mécanismes et enjeux profonds de l'être vivant qu'est un enfant. En effet, comme nous l'avons vu ensemble, la télévision, les vidéos ou la navigation de distraction sur Internet plongent les enfants dans un état proche du rêve qui les déconnecte de la réalité et les détend agréablement – comme pourrait le faire une drogue. Le jeu en réseau ou les échanges sur les réseaux sociaux sont quant à eux des moyens pour réaliser des désirs que les jeunes portent en eux : désirs sociaux, relationnels, sexuels notamment. Les forces d'attraction des écrans sont donc très puissantes et les mouvements hormonaux en sont un symptôme.

Des contenus fascinants

Si les écrans fascinent nos enfants, c'est aussi parce qu'une incroyable quantité de contenu est constamment créée pour nourrir leurs rêves et répondre à leurs désirs. À la télévision, au début des années 1980, il n'y avait encore qu'un seul dessin animé de 15 minutes dans la journée et une fois terminé, c'était fini, on savait qu'il n'y avait pas d'autres possibilités d'écrans et on passait à autre chose. Maintenant, il y a des centaines de chaînes de télévision avec la possibilité de voir des dessins animés toute la journée pour toutes les tranches d'âge, sans compter les plateformes qui mettent à disposition en permanence d'énormes catalogues de films et dessins animés (Netflix®, etc.). Ainsi, un enfant qui n'est pas contrôlé peut se mettre à regarder à la suite des dizaines et des dizaines d'épisodes d'un même dessin animé.

De même, un adolescent peut regarder des dizaines d'épisodes d'une série jour après jour. Et il peut, en plus, regarder ces programmes sur la télévision, sur un ordinateur, un smartphone… les supports disponibles étant démultipliés.

Il y a aussi une quantité quasi infinie d'applications et de jeux destinés aux enfants, qui se présentent souvent gratuitement avec des achats intégrés ensuite. Enfin, il y a une quantité astronomique de vidéos en tout genre accessibles notamment sur YouTube® et qui touchent à tous les sujets imaginables.

Bref, le contenu n'est plus du tout un problème et un enfant peut être abreuvé d'écrans en permanence s'il le souhaite.

Comme il y a une grande force d'attraction vers les écrans, de nombreux commerçants et producteurs de contenus ont compris qu'ils tenaient là une formidable opportunité pour se faire connaître ou gagner de l'argent. Et c'est ainsi que derrière le contenu diffusé sur les écrans se cachent des intentions savamment mises en œuvre pour obtenir le maximum d'attention de la part des enfants, renforçant encore leur attraction vers les écrans. Nous évoquerons d'ailleurs plus loin dans cet ouvrage les différents types de contenus inadéquats auxquels sont exposés les enfants.

LE SAVIEZ-VOUS ?

Piégés par leur curiosité

Les gens qui élaborent du contenu pour les enfants sont souvent experts dans l'art de capter l'attention. Ils font appel à l'instinct de curiosité, naturellement présent chez les enfants. Notre nature est ainsi faite que la curiosité est récompensée intérieurement par une sensation de plaisir, ce que confirment d'ailleurs les études scientifiques révélant l'association d'hormone de plaisir (la dopamine en l'occurrence) avec la curiosité. C'est ainsi que certains font tout et n'importe quoi pour susciter la curiosité, en innovant pour innover, simplement pour attirer l'attention. La curiosité des enfants est ainsi bernée, puisque leur attention est bien souvent dirigée inconsciemment vers un contenu de piètre qualité, élaboré dans l'intérêt du producteur du contenu et sans considération pour l'intérêt supérieur de l'enfant. Abuser ainsi du mécanisme de curiosité contribue certainement sur le long terme à un affaiblissement de la fraîcheur naturelle de la curiosité de l'enfant.

Les apports positifs des écrans

Fort heureusement, lorsque les écrans font l'objet d'un usage maîtrisé tant en termes de durée d'utilisation que de contenus, ils peuvent apporter des bienfaits.

La télévision

- De temps en temps, elle peut détendre et reposer les enfants.

- Elle peut enrichir leur vocabulaire, leur faire découvrir des choses, leur faire acquérir certaines connaissances, les ouvrir à d'autres cultures.
- Il a été prouvé que des programmes télévisés tournés vers des valeurs sociales positives comme l'altruisme pouvaient engendrer une amélioration des interactions sociales des enfants[11].
- Les programmes télévisés offrent une matière support d'interactions sociales avec des camarades ou au sein de la famille, permettant de partager des réflexions, des commentaires, des blagues…

Les jeux vidéo

Là aussi, le tableau n'est pas tout noir. Et lorsque vous parlez à un enfant joueur de jeux vidéo, même s'il y a de réelles problématiques à prendre en compte, il est important qu'il puisse sentir chez vous un discours qui ne soit pas seulement négatif. Ainsi, des études scientifiques ont révélé que des jeux vidéo pouvaient être porteurs d'effets positifs pour l'enfant[12] :

- une amélioration des capacités de résolution de problème et de capacités cognitives (mémoire, spatialisation, perception) ;
- des jeux simples, non stressants, peuvent aider à se relaxer et à se changer les idées ;
- une meilleure fluidité face à l'échec et au succès ;

- des capacités de collaboration sociale dans les jeux qui nécessitent de faire équipe ;
- des capacités de prise de décision et de logique ;
- le développement de relations sociales avec des amis qui partagent un jeu en réseau.

Réseaux sociaux

- Ils peuvent apporter une ouverture au monde et aux autres.
- Ils permettent d'être connecté avec un cercle d'amis.

Naviguer sur Internet

- Permet de trouver à peu près toutes les informations qu'on cherche.
- Permet d'accéder aux actualités quand on est en âge de les suivre.

Vidéos en ligne

- Accéder à une multitude de tutoriels dans presque tous les domaines (activités artistiques, créatives, sportives, culinaires, etc.)
- Voir du contenu précis qu'on recherche (émissions, documentaires…)
- Voir des clips de musique, des sketches humoristiques…

Le meilleur baby-sitter de tous les temps

Les écrans présentent aussi un attrait non négligeable pour les parents : c'est qu'on n'entend plus les enfants. Ils sont occupés absorbés dans leur écran si bien que les parents se retrouvent plus tranquilles sur le coup. Un grand patron de chaîne de télévision française déclarait d'ailleurs en 2014 des propos qui ont fait polémique chez les parents qui s'inquiètent de l'excès d'écrans : « Le meilleur baby-sitter qu'on connaisse, c'est encore la télévision. » Et pour prolonger ce triste propos, on pourrait dire que l'ordinateur prend le relais ensuite pour beaucoup de jeunes.

C'est finalement simple et accessible à tous : il suffit de laisser ses enfants devant des écrans, et en tant que parents, on a la paix. Sauf que… On a peut-être la paix quelques instants, mais progressivement, la cohorte de problèmes qui accompagnent les écrans va progressivement envahir le quotidien de la famille et saper l'épanouissement de votre enfant. **Ce qui semblait au départ être une solution facile se révèle finalement être un nouveau problème à résoudre : comment redonner une place équilibrée aux écrans dans la vie de mon enfant ?**

Dans les pages qui suivent, nous allons décrire les problématiques liées aux excès d'écrans et aux contenus inadaptés. Nul doute qu'après avoir lu ces éléments, vous serez motivés pour aider votre enfant à faire un usage équilibré des écrans.

EN RÉSUMÉ

- Les écrans nous plongent dans un monde virtuel et induisent bien souvent un état intérieur hypnotique, proche du rêve, où s'opère une forme de détente attractive par rapport aux contraintes du monde réel.
- Les écrans sont aussi de puissants outils d'information et de communication, dont se saisissent les enfants dans le but d'assouvir les forces et désirs naturels qui les animent : désirs sociaux, relationnels, sexuels...
- La quantité phénoménale de contenus disponibles sur les écrans renforce leur attrait, mais conduit à une surenchère pour essayer de capter toujours plus l'attention des enfants en abusant de leur curiosité naturelle.
- Les écrans, s'ils sont bien utilisés en termes de durée et de contenu, peuvent apporter de réels bienfaits.
- Les écrans semblent être un baby-sitter idéal qui occupe les enfants et les réduit au silence, mais c'est un baby-sitter qui se révèle toxique lorsqu'il n'est pas sous surveillance.

CHAP. 3

LES PROBLÈMES LIÉS À L'EXCÈS D'ÉCRANS

L'attrait fascinant des écrans que nous venons d'évoquer dans le chapitre précédent conduit à deux conséquences majeures que nous allons détailler : les problèmes liés à l'excès d'écrans d'une part et les problèmes liés aux contenus inappropriés d'autre part.

De nombreuses études scientifiques viennent souligner les conséquences néfastes engendrées par l'excès d'écrans. Ne paniquez pas en découvrant cette liste de problèmes, elle est avant tout là pour vous informer des risques et pour vous en écarter. Elle vous permettra aussi d'avancer à votre enfant des arguments solides si vous avez besoin de parler avec lui et de contrôler son temps d'écrans.

Problèmes physiques

Surcharge pondérale et obésité

Tout le temps passé devant un écran, c'est du temps où le corps est sous-utilisé. De surcroît, un enfant devant un écran est régulièrement exposé à des publicités pour des aliments stimulant l'envie de manger. Naturellement, plus un enfant passe de temps devant un écran, plus il a de risques d'être en surcharge pondérale ou obèse. On ne compte plus les études scientifiques ayant démontré cela partout à travers le monde.

Troubles du sommeil

L'attrait des écrans entre en concurrence avec le besoin de sommeil. Ils nous maintiennent éveillés ou nous excitent alors que nous aurions besoin de nous reposer, et cela est vrai que l'on soit enfant ou adulte. Des études scientifiques ont solidement établi les nuisances des écrans pour le sommeil, en quantité et en qualité. **Le simple fait d'avoir un écran présent dans une chambre d'enfant augmente les risques d'avoir un sommeil moins long et de moindre qualité**[13].

Il est aujourd'hui scientifiquement reconnu que la lumière bleue émise par les écrans nous excite et influence notre horloge interne biologique. En cas d'exposition nocturne à cette lumière bleue, notre sommeil est altéré en quantité et en qualité[14]. L'explication à cela est sans doute toute simple et naturelle : le bleu est la couleur du ciel en plein jour, et les organismes humains ont été habitués pendant des dizaines de milliers d'années à associer cette couleur à l'activité en journée. C'est pourquoi il est idéalement déconseillé de s'exposer aux écrans dans les deux heures qui précèdent le coucher ; à défaut, on peut par exemple s'équiper en lunettes qui filtrent la lumière bleue. Dans la seconde partie de l'ouvrage, nous établirons plus largement des recommandations tenant compte des différentes problématiques que l'on évoque ici.

LE SAVIEZ-VOUS ?

Au cours des cinq dernières décennies, alors que nos besoins biologiques n'ont pas changé, les Français ont perdu en moyenne 90 minutes de sommeil par nuit ! Les écrans ne sont certainement pas étrangers à cela…

Troubles liés à la vue

Les mouvements permanents des yeux pour suivre ce qui se passe sur l'écran contribuent à une fatigue visuelle se traduisant au choix par des picotements des yeux, l'œil rouge, la vision trouble, des maux de tête… De plus, les clignements d'yeux ne sont pas suffisamment fréquents face à un écran, ce qui conduit à une sécheresse oculaire pouvant s'accompagner de différents troubles inflammatoires de l'œil (bord des paupières, blanc de l'œil, cornée). Tout cela est avéré.
Aux États-Unis, on rassemble ces troubles sous le nom de *computer vision syndrome*, et on recommande notamment une pause toutes les 20 minutes pendant 20 secondes, en regardant quelque chose situé à cinq mètres minimum.

La dégradation sur le long terme de la vue en raison des écrans est un sujet qui fait débat. Mais en France, la vue des 16-24 ans, qui sont particulièrement exposés aux écrans, serait en baisse, avec une augmentation des cas de myopie, d'astigmatisme et des difficultés à voir de loin[15].

Troubles mécaniques, musculo-squelettiques

Lorsqu'ils jouent aux jeux vidéo, lorsqu'ils utilisent leur clavier d'ordinateur, de smartphone ou leur souris, les enfants se livrent à des mouvements répétés en actionnant certains muscles, articulations, tendons… de façon très ciblée. Voyez un jeune s'exciter sur sa manette ou sa souris et son clavier lorsqu'il est en pleine partie de jeu vidéo et vous comprendrez tout de suite que le corps est sollicité de façon localisée et extrême. Comme de nombreux adultes qui consultent pour des problèmes articulaires et musculaires liés aux écrans, à la souris et au clavier, les jeunes abîment eux aussi leur corps en adoptant des usages extrêmes en durée et en intensité.

Ainsi, on observe différents troubles musculo-squelettiques avec des douleurs dorsales, des épaules, de la nuque, de la main et du poignet, de l'avant-bras, des tendinites du pouce, du poignet, du coude, de l'épaule, et des syndromes du canal carpien (compression d'un nerf au niveau du poignet aboutissant à des douleurs, fourmillements, perte de sensibilité et de force au niveau de la main). Nous avons peu de recul pour le moment sur l'impact à long terme des mouvements répétitifs faits par les enfants ; mais compte tenu des problématiques déjà rencontrées par les adultes utilisant beaucoup d'écrans, nous pouvons craindre que les enfants arrivent ensuite à l'âge adulte avec un terrain déjà affaibli, alors qu'ils seront certainement amenés à poursuivre leur utilisation des écrans dans leur vie professionnelle et personnelle. Ceci devrait nous conduire à être bien prudents pour nos enfants.

Problèmes psychologiques et cognitifs

Impact sur la réussite scolaire

La performance scolaire est un indicateur global de performances cognitives et intellectuelles, et de nombreuses études scientifiques ont établi un lien entre baisse des résultats scolaires et augmentation du temps passé devant des écrans. Une étude de 2015 de l'université de Cambridge[16] quantifiait précisément les baisses de performance scolaire en fonction de chaque heure passée en plus devant un écran (télévision, Internet, console de jeux) pour des enfants dans la période 10-16 ans. De plus, cette étude indiquait que **même si les enfants passaient par ailleurs du temps à faire leur devoir, ils avaient quand même de moins bons résultats que ceux qui regardent moins d'écrans.**

Retard du langage

Là aussi, des études ont solidement établi la corrélation entre exposition des tout-petits à la télévision et retard dans le développement du langage, avec notamment une diminution du vocabulaire. Chez les petits de moins d'un an, même de faibles doses de télévision augmentent les probabilités de retard. Cela s'explique par la diminution des échanges familiaux durant les temps d'écrans, mais aussi par un phénomène qu'on pourrait qualifier d'inactivité mentale et que l'on va évoquer ci-dessous.

ATTENTION

L'inactivité mentale

Lorsque vous parlez avec un enfant, il doit construire une représentation mentale donnant un sens aux mots. C'est comme s'il avait un écran intérieur sur lequel il fait apparaître des images, des pensées reflétant le sens des mots. Ainsi, son cerveau est actif pour réaliser ce travail de représentation, d'imagination.

...

Ce processus est aussi à l'œuvre lorsque l'enfant lit ou entend une histoire : son cerveau décode les mots et crée une représentation mentale de ce qui est lu. Lorsque l'enfant est face à un écran, ce travail de représentation est prémâché, le cerveau de l'enfant n'a pas à s'activer pour projeter des images sur son écran intérieur. L'enfant face à un écran est donc dans une posture d'inactivité mentale, de torpeur, ce qui a de nombreuses conséquences sur ses capacités internes de langage, d'intelligence, de représentation, d'imagination…

Troubles de l'attention

Plus un enfant passe de temps devant les écrans, plus le risque de diminution des capacités d'attention est important[17]**.** Cela peut conduire à des symptômes légers ou à des troubles de déficit de l'attention avec ou sans hyperactivité (TDAH). À noter qu'on distingue très clairement la capacité d'un enfant à être attentif pendant des heures à ce qui se passe devant un écran, de la capacité à être attentif ou concentré sur un sujet autre qu'un écran. Dans le cas d'un écran, il s'agit d'une forme d'hypnose mécanique induite par des stimuli lumineux, tandis que dans le cadre d'une attention hors écran, il s'agit d'un effort volontaire de mobiliser son attention, faisant intervenir la motivation, la persévérance, la tolérance à des sensations ou des émotions désagréables. Là aussi, l'hypnose face à un écran s'apparente à une inactivité mentale, une torpeur qui n'intègre pas toutes les composantes de la vie en nous et autour de nous. En conséquence, il est logique que cela conduise à une baisse des capacités d'attention, de concentration volontaire et d'adaptation à une multiplicité de facteurs extérieurs.

Irritabilité, impulsivité, agressivité

Beaucoup de parents ont déjà fait cette expérience : après une séance de jeux vidéo, vous retrouvez votre enfant tendu et irritable, répondant de façon désagréable ou agressive. **Après avoir été surexcité, vivant dans son jeu vidéo des scénarios ne correspondant pas du tout à ce que vit un enfant dans la vie réelle, il doit retrouver son cadre familial qui n'est pas dans la même vibration.** S'ensuit une période de transition où l'enfant doit « atterrir » parmi nous. Pour certains enfants trop exposés aux écrans, ils n'arrivent plus à redescendre de cet état d'excitation, trop décalé par rapport à leur vie quotidienne, et ils deviennent en permanence irritables et impulsifs. Ainsi, les enfants trop exposés aux écrans en phase active, comme dans les jeux vidéo, peuvent se fatiguer nerveusement, et affaiblir la qualité de leurs relations familiales et sociales. Par rapport au monde virtuel des écrans où les enfants vivent déconnectés de leur corps et de leur environnement, le monde réel peut sembler bien plus complexe, véhiculant quantité de sensations et d'informations, certaines agréables, d'autres désagréables. **Une vie humaine épanouie nécessite de pouvoir intégrer ces différentes facettes de l'existence, l'agréable comme le désagréable. Ceux qui ne tolèrent pas le désagrément voient leurs perspectives de vie limitées.** Ainsi, cette irritabilité et cette impulsivité reflètent une intolérance au désagrément qui n'est pas de bon augure pour mener une vie heureuse. Enfin, nous parlerons un peu plus loin des contenus auxquels sont exposés les enfants et qui peuvent eux aussi conduire à de l'agressivité.

Mémoire

Une autre faculté cognitive affectée par l'exposition aux écrans : la mémoire. Plus votre enfant passe de temps devant les écrans, plus il a de risque de voir ses capacités de mémoire baisser et des études scientifiques ont aussi démontré cette corrélation[18].

Un large spectre de capacités cognitives et d'aspects psychologiques sont donc concernés.

Problèmes sociaux et relationnels

De toute évidence, les problématiques cognitives et psychologiques que l'on vient d'évoquer joueront défavorablement sur la vie sociale et relationnelle de l'enfant. Mais poursuivons encore pour cerner l'étendue du problème.

Le temps passé devant un écran d'ordinateur n'est pas consacré à vivre au contact des autres. Certes, les adolescents passent un certain temps sur les réseaux sociaux ou sur les jeux vidéo en réseau. Mais il s'agit là d'un mode relationnel limité à l'interface d'un écran. Assis sur sa chaise, un adolescent peut se montrer à l'aise pour « tweeter », pour converser sur messagerie ou pour partager une partie de jeu avec ses amis, dans un cadre interactif très limité en réalité. Vous pouvez retrouver ce même adolescent tout voûté, regardant ses pieds et ne sachant pas regarder dans les yeux, maladroit dans ses gestes et ses paroles, et dans une grande confusion avec les personnes de sexe opposé. Un tel adolescent présente de grandes lacunes pour ce qui est de l'acquisition de la communication subtile, non verbale, physique.

Lorsque deux adolescents échangent face à face, il se produit toutes sortes d'interactions subtiles, de perceptions visuelles, sensitives, qui leur apprennent à sentir l'autre, à mieux le comprendre. Apprendre à communiquer avec des personnes qui nous attirent sexuellement, apprendre à décoder les messages contenus dans les regards, dans les expressions du visage, apprendre à écouter son ressenti qui est nourri subtilement par quantités d'informations, de phéromones et autres qui ne passent pas à travers un écran… Tout cela contribue à la subtilité de la communication, et permet à un adolescent de mieux trouver sa place socialement et d'être plus épanoui.

Dès le plus jeune âge, tout le temps passé au contact réel des autres, c'est du temps qui va aider à grandir, à entrer en relation harmonieusement avec les autres.
Encore une étude récente réalisée à l'université de San Francisco indiquait que plus les étudiants passent du temps sur leur smartphone, plus ils se sentent isolés, seuls, déprimés et anxieux[19].

TRUCS ET ASTUCES

La force sexuelle qui s'éveille vigoureusement à l'adolescence peut aider un jeune à s'extraire de l'attraction des écrans. Et vous pouvez partager avec lui deux arguments lui permettant de comprendre qu'il a plus de chances de lier une relation avec un ou une partenaire s'il passe moins de temps devant les écrans :

- se sentir bien dans un corps en bonne santé physique rend plus séduisant, et passer du temps devant un écran n'aide pas à cela ;
- une bonne capacité à communiquer et à sentir l'autre est une qualité grandement appréciée et essentielle pour une belle relation, et il faut pour cela aller à la rencontre des autres dans la vraie vie et pas à travers les écrans.

La surstimulation extérieure

Dans notre monde moderne, notre attention est constamment sollicitée vers l'extérieur. Tous ces écrans contribuent eux aussi à projeter nos enfants vers les perceptions extérieures. Leur attention est focalisée vers toutes ces images, ces informations, tandis que se déclenchent en eux de nombreuses réactions hormonales, biochimiques, subtiles qu'ils perçoivent à peine. Bien que l'effet addictif des écrans réside en réalité dans ces différentes réactions internes, elles sont en grande partie inconscientes tandis que l'attention est accaparée par le contenu sur l'écran.

Tout ceci nous rend encore plus insensibles à ce qui se déroule en nous. **Projetés vers l'extérieur, nous ne sommes plus en contact avec notre réalité intérieure**. Et pourtant, tous les sages de toutes les traditions indiquent que le bonheur nécessite de plonger en nous-mêmes, de nous relier avec notre propre profondeur. Ainsi, un enfant livré aux écrans s'éloigne un peu plus de la route qu'il lui faudra prendre s'il souhaite vivre une vie pleine et épanouie, qui requiert de participer au monde extérieur tout en étant connecté à sa vie intérieure.

TRUCS ET ASTUCES

La méditation et un peu d'ennui

Nous évoquerons dans la seconde partie de l'ouvrage de nombreuses méthodes qui permettront de réduire l'exposition de votre enfant aux écrans, mais notons déjà ici les bienfaits que peut apporter la méditation qui est l'outil par excellence de la reconnexion à soi, à sa vie intérieure, par opposition à l'extraversion permanente de l'attention. Il existe aujourd'hui quantité d'ouvrages et de méthodes adaptées aux enfants de tous âges. Renseignez-vous.

Aussi, n'hésitez pas à valoriser un peu d'ennui pour votre enfant. Nous vivons dans un monde trop excité et dynamique où les enfants cherchent toujours à passer d'une forme d'excitation à une autre. Il est bon, de temps en temps, de s'ennuyer un peu, de sentir le temps qui passe. Ces moments-là sont bien plus riches qu'on ne le pense et un peu d'ennui n'est en rien inutile.

Les ondes électromagnétiques

Avec l'exposition aux écrans vient bien souvent une exposition aux ondes électromagnétiques, à moins qu'on ne fasse le nécessaire pour y remédier. À elle seule, l'exposition aux ondes peut engendrer quantité de problèmes physiologiques et comportementaux, qui viennent donc s'ajouter aux conséquences de l'exposition aux écrans. Dans l'ouvrage paru dans la même collection, *Réduire les ondes électromagnétiques, c'est parti !* (Carl de Miranda, Éditions Jouvence), vous trouverez si vous le souhaitez un exposé complet de ce sujet et des moyens d'action à mettre en œuvre pour limiter la présence d'ondes dans votre vie quotidienne : c'est un ouvrage que je recommande à tous les parents.

Ici, nous n'évoquerons donc que de façon succincte ce sujet en listant les principales sources d'émission liées aux écrans et quelques mesures pour s'en protéger.

- **Usage de tablette numérique en Wifi à proscrire** > chargez si besoin des programmes en Wifi puis utilisez-les en mode avion.
- **Usage d'ordinateur en Wifi à proscrire** > connectez l'ordinateur en liaison filaire.
- **Utiliser un ordinateur fixe ou portable** avec une prise connectée à une prise de terre.
- **Téléphone mobile en conversation** > limitez la durée, conversez en haut-parleur ou avec des oreillettes à tube d'air, et pas en vous déplaçant.

- **Téléphone mobile en data** (films, etc.) > chargez les données en éloignant le téléphone puis consultez-les en mode avion uniquement. Pas de télévision en direct sur smartphone.
- **Téléphone mobile en échange de messages** > tenez le téléphone un peu éloigné du corps et n'en abusez pas dans la durée.
- **Consoles de jeux vidéo** > privilégiez les manettes filaires et désactivez bien le Wifi de la console.
- **Mettre le téléphone en mode avion la nuit.**

Plus les enfants sont jeunes, plus ils sont fragiles vis-à-vis des ondes et soyez donc d'autant plus stricts.

L'addiction

Si vous êtes déjà confronté au problème, vous vous êtes certainement rendu compte que les écrans sont très addictifs, comme une drogue. Ainsi, **une grande proportion d'enfants sont en état de dépendance, plus ou moins importante** : ils ont très souvent envie de retourner devant un écran et ont du mal à s'en détacher. Quand ils sont privés de leurs écrans, ils peuvent manifester du mécontentement voire de l'agressivité et lorsque vous leur demandez d'arrêter, ils peuvent être irritables et désagréables. On retrouve vraiment des traits comportementaux d'une personne dépendante, à la cigarette, à l'alcool ou à une drogue. Dans certains cas, il arrive que des enfants basculent dans un mode d'addiction intense et pathologique, perturbant considérablement leur vie. **L'Organisation mondiale de la santé (OMS) a d'ailleurs reconnu en juin 2018 l'addiction aux jeux vidéo comme étant une maladie**. Si vous sentez que votre enfant est concerné par ce phénomène d'addiction à un haut niveau, vous allez trouver dans la suite de l'ouvrage des pistes pour agir et des moyens pour être aidé si besoin.

Quel que soit le niveau d'addiction, personne n'est réellement heureux en vivant comme un drogué qui ne trouve le bonheur qu'en des moments fugaces, tandis que tout le reste lui paraît fade et inintéressant. Ainsi, les enfants surexposés aux écrans traînent des pieds dans le monde réel, ils manquent d'enthousiasme ou dépriment carrément. Quel que soit le niveau d'addiction, il nous faut agir pour redonner une place équilibrée aux écrans et libérer nos enfants de cette dépendance sournoise.

EN RÉSUMÉ

La surexposition aux écrans engendre :

- de nombreuses problématiques physiques : obésité, troubles du sommeil, troubles liés à la vue, problèmes musculo-squelettiques… ;
- des troubles cognitifs et psychologiques : baisse de la réussite scolaire, retard de langage, troubles de l'attention, impulsivité, agressivité, irritabilité, baisse de la mémoire… ;
- des problèmes sociaux et relationnels avec des carences dans les capacités de communication ;
- une exposition aux ondes électromagnétiques, si on ne fait pas le nécessaire pour l'éviter ;
- des phénomènes d'addiction pouvant se révéler très handicapants, et gâcher la vie d'un enfant.

Enfin, les écrans nous plongent un peu plus dans un contexte de surstimulation extérieure et contribuent à nous faire perdre notre connexion avec la profondeur du moment présent, alors que c'est là que se trouve le bonheur.

CHAP. 4

LES PROBLÈMES LIÉS AUX CONTENUS

Nous avons évoqué les problèmes associés à l'exposition aux écrans en elle-même, voyons maintenant les problématiques engendrées par les contenus auxquels sont confrontés nos enfants sur ces différents écrans.

Les réseaux sociaux

On peut trouver certains intérêts aux réseaux sociaux pour les adolescents, leur permettant d'être en contact avec un groupe, de s'organiser ensemble, de partager des intérêts communs… Toutefois, à bien y regarder, **les réseaux sociaux présentent de nombreux dangers pour l'équilibre de nos jeunes.**

Beaucoup d'entre eux cherchent à construire une belle image d'eux-mêmes, à être aimés des autres, à soigner leur réputation et leur nombre d'amis. Ils en viennent à entretenir cette image, à calculer, à prévoir les messages et les images qu'ils postent, dans l'espoir d'avoir le plus de reconnaissance possible. D'ailleurs, beaucoup d'adultes en font de même. **C'est la course aux « *likes* », aux amis, aux abonnés, aux vus… Mais tout cela n'est qu'une image faite de messages et de photos, cela n'a rien à voir avec la réalité quotidienne d'un être humain.** À l'heure où l'on doit plutôt découvrir la vie et l'explorer, certains jeunes dépensent une énergie considérable pour entretenir une image virtuelle d'eux-mêmes et se retrouvent dans une véritable situation de dépendance vis-à-vis de cette image : affligés s'ils reçoivent un commentaire moqueur, ils redeviennent tout contents parce qu'ils ont eu dix abonnés de plus, puis ils se comparent à ceux qui ont plus, et passent ainsi leur temps à chercher de l'estime pour une image fictive d'eux-mêmes.

Autre caractéristique des réseaux sociaux : ils conservent des traces de nous. **Finie l'époque où l'on disait des bêtises avec nos copains sur la place du village et tout était oublié le lendemain. Là, tout est enregistré, documenté, accessible à l'avenir. Plus aucune légèreté**. Même si on efface nos données et nos images, certaines traces subsisteront peut-être. Selon la célèbre formule américaine en cas d'arrestation, « tout ce que vous dites pourra être retenu contre vous ». Les enfants peuvent vite se retrouver débordés par cette image indélébile d'eux qui est en train de se dessiner, et qui peut se retrouver projetée bien au-delà de leur cercle d'amis. Ils se retrouvent à devoir veiller à une réputation qui les suivra. Comme c'est dur et stressant…

Les réseaux sociaux peuvent aussi être un lieu de moqueries, d'agressivité et de violence. **Quand on donne trop de moyens de communication à des enfants qui sont encore sujets à de nombreuses forces chaotiques en eux-mêmes, il n'est pas étonnant que ces forces fassent parfois mauvais usage de ces outils de communication**.

ATTENTION !

Le harcèlement en ligne

Plusieurs études aux États-Unis, au Royaume-Uni et en France s'accordent sur un chiffre d'environ 40 % des adolescents qui ont été victime au moins une fois de cyberharcèlement.

Les réseaux sociaux les plus sujets au cyberharcèlement sont d'abord Instagram®, puis Facebook® et Snapchat® et enfin Tweeter® puis YouTube® qui est le moins exposé [20].

Voici différents types de cyberharcèlements auxquels peuvent être exposés les enfants :

- poster des messages agressifs, blessants ou menaçants, envoyés ponctuellement ou de façon répétée à travers différents supports (mails, SMS, réseaux sociaux) ;
- répandre des rumeurs ou calomnies sur une personne ;
- divulguer des informations personnelles ou confidentielles concernant une personne dans le but de lui nuire ; ce qui inclut des images intimes ou sexuelles ;
- accéder frauduleusement au compte d'un autre pour dérober des informations privées ;
- usurper une identité à des fins malveillantes.

Le cyberharcèlement peut survenir pour diverses raisons : désir de revanche, jalousie, colère, comportements grégaires agressifs ou discriminatoires, démonstration de pouvoir entre jeunes, mais aussi pour tromper l'ennui, pour rire…

Le cyberharcèlement est un comportement à prendre très au sérieux et qui peut avoir de graves conséquences, conduisant certains enfants vers d'intenses souffrances, vers la dépression et chaque année, en France, plusieurs adolescents se suicident parce qu'ils ont été harcelés en ligne.

En tant que parents, il est indispensable d'aider vos enfants face au cyberharcèlement. Dès qu'ils commencent à socialiser en ligne, il faut leur expliquer les formes possibles de cyberharcèlement et les inviter à une grande prudence quant au contenu qu'ils postent en ligne : ce qui semble privé pourrait ne pas le rester et se retourner contre eux. Évidemment, il faut aussi inviter vos enfants à ne pas eux-mêmes être auteur de cyberharcèlement en leur expliquant qu'il s'agit d'un comportement grave, puni par la loi. Expliquez à vos enfants que s'ils se sentent un jour victimes de cyberharcèlement, vous serez toujours là pour en parler et être à leurs côtés, que c'est votre rôle de parents. Enfin, si votre enfant est effectivement victime, montrez-vous compatissant et accompagnez-le ; vous trouverez en page 122 des sites Web avec une ligne téléphonique pour vous aider à gérer cette situation.

Ainsi, les réseaux sociaux ont tout d'un miroir aux alouettes. Peu y trouveront la reconnaissance et l'estime de soi qu'ils y recherchent, et à la place, beaucoup seront stressés par leur réputation, leur image d'eux-mêmes et bon nombre d'entre eux devront faire face à du harcèlement.

Pour finir, des études viennent confirmer que plus les enfants passent de temps sur les réseaux sociaux, moins ils sont heureux[21]**.**

La pornographie

Avec Internet dans les foyers et sur les téléphones, les enfants ont potentiellement accès à tous les contenus imaginables, y compris ceux qui leur sont normalement défendus. **L'âge moyen de la première exposition à du contenu pornographique se situe maintenant autour de 10 ou 11 ans**, 9 % des 14-24 ans regardent de la pornographie au moins une fois par jour, et 21 % de cette même tranche d'âge en regardent au moins une fois par semaine[22].

L'exposition à la pornographie peut venir suite à une recherche délibérée sur Internet, mais le plus souvent, c'est en consultant des sites illégaux de streaming ou de téléchargement notamment via l'apparition de pop-ups intempestives, et secondairement via les réseaux sociaux ou les messageries.

Cette exposition précoce n'est pas sans conséquence. D'abord, les contenus pornographiques en ligne sont devenus beaucoup plus violents que ceux que nous avions peut-être vus nous-mêmes il y a quelques décennies. 74 % des enfants disent avoir mal vécu ces visionnages[23]. Récemment, en France, en juin 2018, le Collège national des gynécologues et obstétriciens français a interpellé solennellement les pouvoirs publics pour mieux protéger les enfants de la pornographie, pointant notamment le développement d'un rapport perturbé à la sexualité et des phénomènes d'addiction.

Cessons de jouer avec le feu. L'accès aux images pornographiques est normalement interdit avant l'âge de 18 ans, non sans raison. En tant que parents, nous devons prendre en mains cette situation, et vous trouverez ci-dessous quelques recommandations.

- Installez un filtre parental sur les ordinateurs (nous verrons cela page 89). Ne laissez pas les plus jeunes naviguer sur Internet sans contrôle ou surveillance.

- Parce que le téléphone mobile est maintenant le premier support de visionnage de la pornographie chez les jeunes, il est important d'installer un contrôle parental sur le téléphone mobile (nous en parlerons page 91) et de placer des limites sur l'usage du téléphone par exemple en récupérant les téléphones le soir à partir d'une certaine heure.

- Installez un bloqueur de publicité sur les ordinateurs et les téléphones mobiles.
- Informez-les sur les menaces qui accompagnent les sites illégaux de streaming et de téléchargements : virus, piratage et exposition à des images violentes ou pornographiques destinées à des adultes.
- Parlez à vos enfants de ce phénomène actuel d'exposition des jeunes à la pornographie, avec un discours adapté à leur âge, en leur expliquant que sur Internet, on trouve des images pornographiques violentes qui donnent une idée complètement fausse de ce qu'est un rapport sexuel amoureux. La sexualité n'est pas du tout un problème en soi, mais c'est quelque chose à vivre quand on devient plus mûr, physiquement et mentalement. Dites-leur que vous serez toujours là pour en parler s'ils ont vu des images qui les perturbent.
- Si vous avez besoin de vous faire aider pour accompagner votre enfant, vous trouverez des sites Internet utiles en page 121.

Enfin, **la pornographie induit chez les enfants une importance beaucoup trop grande accordée à l'apparence physique, nourrissant un mal-être et un rapport perturbé à leur propre corps.** Pourtant – et c'est quelque chose que vous pourrez partager avec eux lorsqu'ils seront en âge de l'entendre –, les plus grands plaisirs que ressentent ceux qui font l'amour se vivent avant tout les yeux fermés, à l'intérieur de nous. Ainsi, l'apparence physique n'a en réalité presque pas d'importance dans le plaisir sexuel, ce qui compte c'est de nouer une relation profonde avec quelqu'un avec qui on se sent bien.

La publicité, plus ou moins déguisée

Avec la télévision, les parents sont déjà conscients de la présence de publicités qui font croire aux enfants qu'ils seront heureux s'ils ont tel ou tel jouet, s'ils font telle ou telle activité, leur mettant en tête toutes sortes d'envies et de croyances. Cette publicité explicite est déjà en soi très douteuse, mais avec **l'arrivée d'Internet, les publicités s'immiscent par toutes les voies possibles dans l'esprit de nos enfants.**

En effet, tout ce contenu infini disponible gratuitement est en réalité financé par des marques et des entreprises qui veulent capter l'attention des enfants et les influencer. Les publicités sont devenues de plus en plus intégrées au contenu si bien qu'elles passent presque inaperçues, les enfants étant ainsi exposés à un flux d'informations constamment biaisé par des intentions commerciales. Naturellement, l'immaturité cognitive, émotionnelle et intellectuelle des enfants les conduit à recevoir les messages publicitaires de façon plus naïve et à se laisser influencer plus profondément. Ainsi, **nos enfants**

voient leurs envies, leurs croyances, leur vision de la vie, constamment manipulées par les marques et entreprises qui façonnent du contenu à leur avantage.

ATTENTION !

Les vidéos d'ouverture de paquets de jouets

De jeunes enfants, entre 3 et 16 ans, sont filmés en train d'ouvrir de nombreux jouets ; ils s'émerveillent et partagent leur enthousiasme devant la caméra, souvent tenue en mains par leurs parents. Ces contenus sont ensuite diffusés sur les plateformes comme YouTube® et sont visionnés des millions de fois. Ensuite, vos enfants de 4, 6, 8, 10, 12 ans… regardent ces vidéos en les enchaînant les unes après les autres. Ils voient des enfants qui ont plein de jouets qu'eux n'ont pas, ce qui fait naître de l'envie. Ce type de vidéo est devenu un véritable business où des marques payent pour que des parents réalisent ces petits films avec leurs enfants. Ces films sont en réalité des publicités déguisées, exploitant la candeur des enfants spectateurs, créant en eux des envies dont ils n'ont pas besoin pour être heureux, au seul bénéfice des marques. Les enfants qui tournent dans ces films sont quant à eux devenus des acteurs de publicité. Quand il ne s'agit pas d'ouverture de paquets de jouets, il s'agit de la visite de tel ou tel parc d'attractions, de tel ou tel lieu touristique… avec toujours le même principe : la publicité déguisée.

Si vous n'exercez pas de surveillance quant au contenu, votre enfant sera forcément attiré vers les contenus les plus fascinants pour lui, à l'image des vidéos d'ouverture de paquets de jouets. Et donc, votre enfant verra son attention et son intelligence manipulée par des marques et entreprises dont le but est leur propre profit et non l'intérêt supérieur de votre enfant.

Dès que votre enfant commence à utiliser Internet, il est important que vous l'accompagniez, que vous le surveilliez et que vous parliez avec lui de la présence de publicités déguisées. Expliquez-lui qu'il doit développer du recul et du discernement pour détecter ces messages publicitaires et ne pas se laisser duper par ces images et ces vidéos qui vendent du rêve et qui, en fin de compte, peuvent rendre malheureux.

Espérons par ailleurs que les pouvoirs publics accentuent la régulation de tout ce qui s'apparente à de la publicité destinée aux enfants.

Les fausses informations

Internet est un immense territoire virtuel où prolifèrent quantité de fausses informations, couramment appelées *fake news*. Tout le monde s'exprime à tort et à travers, donne son avis sur tout, cherche à défendre ses opinions et ses intérêts… et la vérité semble presque apparaître comme secondaire. **Des entreprises, des groupes de personnes ayant des intérêts communs, des pays exploitent ce grand pullulement d'informations et d'opinions pour diffuser des contenus biaisés servant leur intérêt ou leur vision.** Certains agissent de façon sincère et inconsciente, mais d'autres opèrent de manière savamment calculée, avec une véritable ingénierie derrière. Par exemple, ces dernières années, des scandales internationaux ont éclaté quand des pays étrangers ont été accusés de manipuler des réseaux sociaux pour influencer le cours d'élections nationales. En diffusant et en martelant des informations biaisées via différents supports et réseaux sociaux, un pays étranger peut effectivement avoir une influence sur le résultat des votes nationaux.

Face à ce magma d'informations plus ou moins biaisées, les jeunes doivent développer un sens critique, du recul face aux informations qu'ils découvrent, et redonner sa valeur à la vérité. Sinon, les jeunes basculent dans un monde de confusion où ils perdent confiance, ils ont l'impression de ne plus avoir accès à la connaissance, ils perdent aussi confiance en leurs capacités d'appréhender le monde tandis qu'ils découvrent qu'ils ont été dupés par telle ou telle fausse information qu'ils ont pourtant relayée.

De plus en plus de programmes sont mis en place en milieu scolaire dans différents pays pour aider les jeunes à démêler le faux du vrai, voici quelques lignes directrices à partager pour vérifier la validité d'une information :

- Peut-on retrouver cette information sur un site réputé et fiable ?
- Qui est l'auteur de cette information ? Y a-t-il une entreprise ou une association qui sponsorise cette information ?

- Pour les images : utiliser la fonction de recherche d'images, fournie par des moteurs de recherche comme Google®, qui vous permet de trouver les pages Web faisant apparaître une image similaire. Cela permet de recroiser les sources d'information et de valider l'authenticité d'une photo.

TRUCS ET ASTUCES

Les grands désirs qui poussent à influencer les autres

Avec un adolescent en âge de comprendre, vous pouvez évoquer les grands désirs qui animent les gens et qui les poussent parfois à manipuler ou influencer les autres. Une grande figure de sagesse contemporaine, Arnaud Desjardins, évoquait quatre domaines dans lesquels on trouve les principaux désirs : la notoriété, le pouvoir, l'argent, la sexualité. Lorsque des gens diffusent des informations de façon biaisée ou fausse, ils sont généralement en train de chercher à satisfaire l'un de ces désirs. Ceux qui diffusent de la publicité masquée cherchent de l'argent. Ceux qui veulent influencer les votes cherchent le pouvoir. Ceux qui passent leur temps à attirer l'attention sur eux sont en quête de notoriété, tandis que ceux qui cherchent à séduire les autres sont animés d'envies sexuelles. Lorsque votre adolescent découvre des informations notamment via les réseaux sociaux, aidez-le à se poser la question – que cherche l'auteur de ces propos : la notoriété, le pouvoir, l'argent, la sexualité ?

Vous allez ainsi grandement aiguiser sa compréhension du monde.

Le non-respect des limites d'âge

À juste titre, les pouvoirs publics indiquent clairement des limites d'âge pour les programmes audiovisuels. Mais, comme vous pourrez le constater aisément par vous-même, **il existe parfois des différences significatives de limites d'âge pour un même film selon les pays.** Par exemple, certains films tous publics en France peuvent être interdits aux moins de 13 ans aux États-Unis. Il est donc difficile de se fier aveuglément à ces classifications notamment lorsque nos enfants sont dans la tranche d'âge 6-14 ans.

Voici un exemple de site Internet francophone permettant d'avoir un second avis de limite d'âge, avec un argumentaire expliquant cet avis : www.filmages.ch.

Pour les jeux vidéo, le constat est assez alarmant. Les éditeurs de jeux ont beau indiquer une limite d'âge à l'aide de la classification PEGI (système d'évaluation européen des jeux vidéo), ces consignes ne sont que très rarement respectées. C'est à croire que les parents n'y font même plus attention. **Combien d'enfants de 10 ans et moins passent des heures chaque semaine à jouer à des jeux vidéo pourtant interdits aux moins de 18 ans, c'est sidérant!** Et pourtant, vous retrouvez cela dans toutes sortes de milieux sociaux, comme si les parents avaient démissionné sur ce sujet. Dans certains jeux interdits aux moins de 18 ans, la violence est doublée d'une amoralité affirmée, d'un effondrement complet des valeurs éthiques, ce qui est totalement inacceptable pour de tout jeunes enfants.

En tant que parents, il est impératif d'agir. L'idée n'est pas d'empêcher systématiquement un enfant de 11 ans de jouer à un jeu réservé aux plus de 12 ans, mais au moins d'empêcher les grands écarts de plusieurs années entre l'âge limite et l'âge de votre enfant. Peut-être faudra-t-il résister à un peu de pression et de demandes de votre enfant qui vous dira que beaucoup de ses camarades ont le droit de jouer à tel ou tel jeu – c'est peut-être vrai –, mais il faut être ferme. Si besoin, prenez le temps de regarder le jeu avec lui, regardez par exemple des bandes-annonces ou des vidéos de ce jeu sur YouTube® avec lui et commentez ce qui ne va pas. Il sentira que votre avis est fondé, que vous vous intéressez à lui et qu'il n'est pas victime de règles arbitraires.

Les jeux vidéo

Visionner des images violentes augmente les probabilités de comportements agressifs. Contrairement au flou parfois entretenu sur ce sujet, suggérant que les images violentes n'induiraient pas forcément de comportements violents ou même qu'elles pourraient avoir des vertus cathartiques, **quantité d'études scientifiques ont depuis des décennies mis en évidence que l'exposition aux images violentes influençait négativement le comportement des enfants**, avec notamment trois effets majeurs à court et long terme[24] :

- augmentation de la probabilité d'un comportement violent ;

- banalisation de la violence, qui rend plus acceptable le passage à l'acte ;
- contribution au repli sur soi avec le sentiment de vivre dans un monde hostile.

Des études se sont penchées spécifiquement sur les jeux vidéo agressifs et ont abouti aux mêmes conclusions[25]. Il a d'ailleurs été démontré que certains jeux vidéo impliquant des comportements prosociaux non violents pouvaient à l'inverse avoir une influence positive sur le comportement.

Compte tenu de ce corpus d'études scientifiques, comment peut-on continuer à laisser des enfants passer des heures et des heures devant des écrans à « tuer » des ennemis, à se massacrer les uns les autres, quand ce n'est pas des policiers ou de simples passants dans le jeu vidéo ? Il s'agit d'une exposition quotidienne à la violence, souvent pendant plusieurs heures.

Une autre problématique associée aux jeux vidéo est le caractère fortement addictif. Les enfants sont plongés dans un univers leur permettant de vivre virtuellement quantité d'expériences qu'ils ne pourraient pas vivre dans une vie réelle d'enfant. Forcément, cela peut être attractif et excitant. L'expérience montre que cela peut vite devenir addictif, avec toutes les problématiques de l'addiction que nous avons évoquées précédemment. De plus, **les éditeurs de jeux vidéo s'efforcent de capter l'attention des jeunes joueurs, en rendant le jeu aussi attrayant que possible.** Ils embauchent des psychologues qui mettent en œuvre leurs connaissances pour augmenter le plaisir éprouvé par les jeunes lorsqu'ils jouent et pour stimuler l'envie d'y revenir au plus vite. Même si on ne peut accuser les éditeurs de jeux vidéo de vouloir rendre les jeunes pathologiquement dépendants à leur jeu, dans les faits, les efforts déployés par les éditeurs pour rendre les jeux aussi attractifs que possibles conduisent à augmenter les risques d'addiction. Ainsi, les pouvoirs publics et les éditeurs devraient aussi s'efforcer de lutter contre l'addiction. À l'image de ce qui a été fait pour protéger les addictions aux jeux d'argent en France (www.joueurs-info-service.fr), il serait urgent de songer à des moyens de protection des mineurs contre les addictions aux jeux vidéo. Les éditeurs pourraient par exemple intégrer des moyens d'information et de contrôle du temps passé sur un jeu. Sur ce sujet comme sur tant d'autres, l'attrait financier représenté par le business des jeux vidéo ne doit pas conduire à négliger la santé et le bien-être de notre jeunesse.

ATTENTION

L'inventivité des « accros » aux jeux

Pour contourner les interdits qu'essayent de placer les parents, les accros aux jeux peuvent se montrer très inventifs, à leurs dépens in fine. Un ancien *geek* repenti me racontait il y a quelques jours que ses parents pensaient avoir trouvé la parade en retirant chaque soir tous les câbles de son ordinateur et de son écran. Mais rapidement, le jeune *geek* se procura un double de tous les câbles, rangés en cachette dans sa chambre, et lorsque ses parents lui souhaitaient bonne nuit en emportant les câbles, il se relevait pour brancher ses doubles et passer des heures la nuit à continuer à jouer et à parcourir des univers virtuels infinis, aux dépens de son sommeil.

La faible qualité des contenus

Si vous livrez les enfants à eux-mêmes sur des écrans, les forces basiques qui les animent les conduiront souvent vers des contenus inutiles, voire nocifs pour leur épanouissement. Élever un enfant, c'est jouer un rôle de tuteur où l'on canalise la force de vie qui grandit en l'enfant pour qu'elle monte vers le haut. **Comme une plante sans tuteur qui s'affaisse au sol et dépérit dans la poussière, un enfant sur des écrans non surveillés se verra freiné dans sa croissance :** publicités plus ou moins déguisées agitant une foule de désirs confus et inutiles en lui, informations chaotiques et biaisées, pornographie, contenus violents et inadaptés à leur âge, communication malaisée sur les réseaux sociaux, comportements addictifs avec les jeux vidéo, programmes de télévision dépourvus de valeur éducative (séries addictives, téléréalités)… Sans compter les problématiques physiques et psychologiques dont nous avons déjà parlé.

Enfin, pour conclure sur la piètre qualité des contenus avec lesquels les enfants sont en contact, évoquons une caractéristique inhérente à ce monde des écrans : la superficialité. Ces écrans sont en deux dimensions, on y ajoute le son, et nous avons une apparence de réalité, mais qui en demeure bien loin. Cette prédominance de l'image et du son conduit à accorder une valeur excessive à ces apparences. De ce fait, de nombreuses nouvelles stars deviennent les idoles des enfants simplement parce qu'ils ou elles ont une belle apparence physique ou bien qu'ils ou elles ont du talent pour parler et communiquer. **Les écrans sont en eux-mêmes porteurs d'une superficialité que l'on retrouve dans ces nouvelles idoles, stars des écrans**. En tant que parents, nous pouvons expliquer à nos enfants que la seule beauté n'a jamais rendu personne heureux et que d'avoir du talent pour parler et attirer à soi de nombreux fans n'a jamais non plus été un gage de bonheur dans la vie. Certaines célébrités, splendides et adulées, sont très malheureuses au point parfois de se suicider. Et de brillants orateurs adulés ont conduit des peuples entiers à la catastrophe.

Les apparences superficielles peuvent être trompeuses et c'est dans la vraie vie qu'on trouve le bonheur.

EN RÉSUMÉ

Les écrans véhiculent de nombreux contenus, souvent douteux, voire nocifs pour les enfants.

- Les réseaux sociaux : des études ont montré que plus les enfants passent de temps sur des réseaux sociaux, plus ils sont malheureux. Le cyberharcèlement est fréquent et peut s'avérer très nuisible.
- La pornographie : les enfants sont exposés très jeunes à un contenu abondant et brutal, ce qui nuit à leur équilibre, à leur rapport au corps et à la sexualité.
- Les contenus sont souvent biaisés par de la publicité déguisée ou par des intérêts particuliers. La confiance des enfants est dupée par de fausses informations et par des producteurs de contenu qui cherchent à influencer et manipuler les esprits pour parvenir à leurs fins.
- Les préconisations de limite d'âge ne sont pas respectées, ce qui expose les enfants à des contenus qui ne leur sont pas destinés.
- Les jeux vidéo véhiculent trop souvent de la violence et ont un fort potentiel addictif. Ils doivent être plus strictement contrôlés par les parents, les autorités et les éditeurs de jeux, dans l'intérêt des enfants.
- Globalement, les contenus sont de faibles qualités, ils n'élèvent pas les enfants, mais les distraient tout au plus, et bien souvent, ils leur nuisent. Par leur nature même, les écrans poussent les enfants vers une approche superficielle de la vie.

2

LES MOYENS D'ACTION POUR RÉDUIRE LE TEMPS D'ÉCRAN

CHAP. 5

LES PRÉPARATIFS

Après avoir lu la première partie de cet ouvrage, vous avez certainement pris conscience de la nécessité de nous impliquer en tant qu'adultes dans la gestion des écrans pour nos enfants. Certains d'entre nous réalisent l'ampleur du problème alors que leurs enfants ont déjà basculé dans la surexposition, et d'autres au contraire vont commencer à agir avant même l'arrivée invasive des écrans dans la vie de leur enfant. Quelle que soit la situation dans laquelle vous vous trouvez, vous avez devant vous une immense marge de progression pour agir.

En y mettant de l'intelligence et de l'énergie, vous pouvez remédier à des situations de grande surexposition, voire d'addiction. Et si nécessaire, vous pourrez vous faire aider. Ainsi, ouvrez grand le champ des possibles et dites-vous que votre volonté d'agir dans l'intérêt des enfants peut produire de très bons résultats.

Gérer les écrans : une mission parentale

Si elle se présente à vous, **écartez l'idée consistant à croire que les écrans sont un domaine réservé aux jeunes, que vous vous sentez d'une autre génération et que vous préférez leur laisser la main libre**. Vous pouvez rapidement en savoir suffisamment pour comprendre les risques et les moyens d'agir, sans pour autant avoir besoin de devenir un *geek* vous-même.

De même, oubliez l'idée consistant à laisser votre adolescent faire comme il veut, car après tout, il faut que les adolescents se construisent librement dans ce nouveau monde qui les attend. Et pourquoi ne pas dans ce cas les laisser boire de l'alcool quotidiennement, fumer de l'herbe du matin au soir dans leur chambre, découcher à volonté… ? Car ce sont bien d'enjeux aussi graves et primordiaux dont il s'agit. **L'exposition aux écrans concerne le cœur de notre mission de parents : la protection de nos enfants et de nos adolescents, la surveillance de leur santé physique et psychologique, les valeurs qu'on leur transmet, leur vision de la vie, et la réalisation du potentiel qu'il porte en eux. Non seulement nous avons le droit d'agir, mais nous en avons aussi le devoir, légal et moral.**

La fin du laisser-faire

Aimer et guider les enfants : voilà sans doute les deux verbes qui caractérisent le mieux le rôle d'un parent. Il est temps de ne plus laisser les écrans guider votre enfant à votre place. Beaucoup de parents ont démissionné d'une partie de leur rôle de guidance, en laissant les enfants se replier dans le monde virtuel des écrans. Souvent, c'est parce que ces parents se sont eux-mêmes repliés sur leurs propres écrans qu'ils n'ont plus suffisamment d'énergie et de temps à consacrer à leurs enfants.

Ainsi, dans l'intérêt des enfants, il est temps de reprendre progressivement la situation en mains et d'exercer pleinement votre rôle de parents. Bien sûr, si votre enfant est déjà surexposé aux écrans, vous ne pourrez pas agir de la même façon avec un enfant de 8 ans ou un adolescent de 15 ans.

Chaque âge et chaque situation nécessitera une adaptation particulière de votre part, afin de trouver les moyens et les mots qui vous permettront d'infléchir le cours des choses, avant de tendre vers un nouvel équilibre.

Le processus de sevrage d'une addiction

Comme nous l'avons évoqué, beaucoup d'enfants présentent des aspects d'addiction aux écrans, si bien que toute tentative de diminuer l'exposition peut se heurter à un contre-feu de leur part, nourri par la force d'attraction des écrans. Si vous entrez dans la chambre de votre fils de 14 ans, qui passe son temps à jouer aux jeux vidéo, et que vous lui déclarez qu'il faut maintenant qu'il se limite à une heure par jour d'ordinateur, et que c'est pour son bien parce que vous l'aimez, vous risquez de vous prendre en réponse un bon « ouais, ouais, c'est ça… », et vous aurez beaucoup de mal à infléchir son comportement.

Il faut bien prendre conscience qu'il y a chez l'enfant surexposé une très grande force d'attraction aux écrans et qu'on ne peut espérer la supprimer par un coup de baguette magique. Voici quatre caractéristiques que l'on retrouve de manière générale dans les processus de guérison d'addictions :

1. **La première étape est d'intégrer mentalement la nécessité d'un changement.** Si vous souhaitez

accompagner vos enfants vers un changement, il faut d'abord que vous parents intégriez cette nécessité, en incluant si possible les deux parents de façon unie. Ensuite, **il faut parler et partager avec votre enfant pour lui exposer la situation et l'évolution qui vous apparaît aujourd'hui indispensable**. L'approche sera différente selon que vous avez à gérer un enfant de 8 ans ou de 15 ans. Plus l'enfant est âgé, plus vous pouvez approfondir le sujet en prenant par exemple appui sur ce livre, pour obtenir progressivement une ouverture de sa part sur ce sujet. Si l'enfant est jeune, vous pouvez lui expliquer les raisons de votre motivation et faire peser l'argument de confiance : « Tu sais, en tant que parents, nous avons bien réfléchi à ce sujet, nous nous sommes renseignés autour de nous auprès de personnes spécialistes, nous avons lu des livres, et nous sommes sûrs et certains que pour ton bien-être, il va falloir qu'on diminue la quantité d'écrans dans tes journées. Peut-être que tu n'auras pas toujours envie de faire comme on te le demandera, mais pour ton bien, on sera ferme s'il le faut pour que les écrans prennent une juste place dans ta vie. »

2. **Le sevrage est une épreuve**. Lorsqu'on est en situation d'addiction, le corps est conditionné pour retourner mécaniquement vers l'objet de l'addiction. Ainsi, imposer de ne plus retourner vers cet objet génère en nous du désagrément, voire même de la douleur physique et psychologique. Si vous avez un jour essayé d'arrêter un mécanisme addictif : cigarette, alcool, sucres en excès dans l'alimentation, drogue, ou même si vous avez simplement suivi un régime

alimentaire contraignant, vous avez certainement ressenti la gêne, voire la douleur qui accompagne le processus de sevrage. **Les mécanismes biologiques, hormonaux et autres, nous poussent à retourner vers l'objet addictif et provoquent une forme de souffrance intérieure lorsqu'on ne les satisfait pas**. Lorsqu'un enfant doit se sevrer d'écrans, il va donc traverser une épreuve plus ou moins difficile selon son niveau d'addiction. En tant que parents ou éducateurs, il faut que vous ayez vraiment en tête que c'est une épreuve pour l'enfant et son accompagnement doit donc se faire avec compassion. **Si votre enfant sent que vous comprenez ce qu'il ressent, il vous fera d'autant plus confiance.**

3. **Le sevrage combine contrôle et substituts**. Compte tenu de l'épreuve que représente un sevrage, bien souvent, vous n'obtiendrez pas de bons résultats en imposant simplement des contraintes ; le risque étant alors de basculer dans le conflit ou le contournement du contrôle par l'enfant. **Il va falloir habilement mettre en place des substituts, des alternatives aux écrans qui vont permettre d'adoucir le sevrage de l'enfant**. Par exemple, lorsque quelqu'un cherche à se sevrer de la cigarette, il utilise parfois des patchs à la nicotine qui vont faciliter la progressivité du sevrage. De même, la sortie de l'excès d'écrans doit être habilement gérée et accompagnée par différents moyens. Nous en reparlerons plus loin.

4. **Chaque parcours de guérison est différent.** Selon le niveau d'addiction de l'enfant, selon son environnement

familial et social, selon son âge, sa personnalité... toutes sortes de paramètres vont ainsi conduire à la nécessaire personnalisation du processus de guérison. Bien sûr, **il existe des lignes directrices valables pour à peu près tous, cependant c'est la subtilité de la mise en œuvre, au contact de l'enfant, qui va conditionner la qualité des résultats de votre démarche**. Ainsi, il vous faut y consacrer une certaine énergie, une certaine intelligence et habileté, pour le bien de l'enfant.

Expliquer aux enfants, et les écouter

Conformément à ce que l'on vient d'évoquer, l'explication et l'écoute font partie de la première étape du processus de sevrage. C'est une phase essentielle, car c'est à travers elle que vous allez pouvoir obtenir l'adhésion de votre enfant. Si votre enfant n'est pas encore surexposé et que vous constatez que les écrans commencent à s'immiscer dans sa vie, il est également primordial de parler avec lui pour lui expliquer le cadre que vous comptez poser autour des écrans.

Prenez le temps de poser des questions à votre enfant et écoutez ses réponses :

- « Pourquoi aimes-tu passer du temps devant ton ordinateur ? »
- « Qu'est-ce que tu ressens devant ton écran ? »

- « Est-ce que tu sens que c'est important par rapport à tes amis ? »

Intéressez-vous sincèrement à lui, comprenez avec lui son attrait pour les écrans.

Ensuite, il vous faut partager et expliquer pourquoi vous jugez qu'il faut maintenant redonner une place équilibrée aux écrans dans sa vie. Utilisez des arguments qui vont parler à votre enfant en insistant sur telle ou telle problématique liée aux écrans ou à l'usage spécifique qu'il en fait : par exemple, si votre fille passe beaucoup de temps sur les réseaux sociaux, abordez spécifiquement les problématiques qui y sont liées.

Prenez le temps d'échanger, d'écouter les contre-arguments avancés par votre enfant et ne vous montrez pas simplement inflexibles. Comme nous l'avons évoqué, un sevrage réussi dépend d'un bon dosage de contrôle et de substituts, et donc pas uniquement d'un contrôle rigide. **C'est en écoutant les réactions de votre enfant que vous allez pouvoir bien jauger de la force de son addiction et du niveau d'accompagnement que vous allez devoir mettre en place**. De même, lorsque vous allez présenter à votre enfant les mesures de contrôle auxquelles vous avez réfléchi, demandez-lui ce qu'il en pense, donnez-lui la parole : vous allez ainsi bien sentir le niveau d'adhésion qu'elles suscitent en l'état, et vous allez aussi pouvoir apporter des ajustements pour emporter l'adhésion. Votre enfant appréciera votre écoute et ces ajustements fins que vous êtes prêts à apporter, suite à ses remarques et demandes.

EN PRATIQUE

- En tant que parents, pour le bien de votre enfant, agissez pour réguler le temps d'écrans.
- Réduisez le temps d'écrans en gardant à l'esprit qu'il s'agit d'un sevrage, avec quatre objectifs : intégrer mentalement le besoin de sevrage, surmonter le désagrément et parfois la souffrance du processus de sevrage, doser habilement le contrôle et les substituts, personnaliser le parcours de guérison.
- Parlez, expliquez à vos enfants, et écoutez-les, afin d'obtenir leur adhésion vis-à-vis de la régulation des écrans et de pouvoir ajuster au mieux les contrôles et substituts.
- Déployez vos qualités parentales pour accompagner vos enfants face aux écrans : dialogue et écoute, guidance, compassion, habileté, énergie et volonté.

CHAP. 6

LE CONTRÔLE

Nous allons maintenant évoquer différents principes et moyens permettant de réguler l'exposition aux écrans de nos enfants.

Quelques grandes lignes de recommandations

Un certain nombre d'organismes et de spécialistes ont établi des recommandations en matière d'exposition des enfants aux écrans. Ces règles-là doivent être considérées comme des sources d'inspiration, des exemples officiels à partager avec nos enfants pour leur montrer le bien-fondé du contrôle des écrans, mais elles peuvent nécessiter des adaptations selon la situation particulière que vous rencontrez, notamment si votre enfant est déjà surexposé par rapport à ces recommandations. Comme nous l'avons dit, il faut faire preuve de souplesse et d'habileté pour obtenir les meilleurs résultats. Cela étant dit, les trois grandes recommandations qui suivent ont beaucoup de valeur, car il s'agit de données simples et basiques, aisément mémorisables.

3-6-9-12

Un psychiatre français, Serge Tisseron, a édicté en 2008 une règle aujourd'hui reprise dans de nombreux pays et relayée par l'Association française de pédiatrie ambulatoire (AFPA), la règle des 3-6-9-12 :

- **pas de télévision avant 3 ans** ;
- **pas de console de jeu où l'on joue seul avant 6 ans** ;

- **pas d'Internet avant 9 ans,** puis Internet accompagné de 9 à 12 ans ;
- **pas de réseaux sociaux avant 12 ans,** et Internet contrôlé après 12 ans.

Selon les mots mêmes de son créateur, cette règle est nécessaire, mais non suffisante, dans le sens qu'un contrôle en finesse doit continuer à s'exercer à chaque âge.

Pour en savoir plus : 3-6-9-12.org.

Les 4 Pas

Cette règle, édictée par Sabine Duflot, psychologue française, se concentre sur les usages au quotidien. Également relayée par l'AFPA, il s'agit aussi là d'une règle efficace et facile à retenir :

- **pas d'écrans le matin** ;
- **pas d'écrans durant les repas** ;
- **pas d'écrans avant de s'endormir** ;
- **pas d'écrans dans la chambre de l'enfant.**

Chacune de ces interdictions a pour but d'améliorer les facultés et le bien-être de l'enfant : une meilleure attention sans écrans le matin, plus d'interactions et de paroles familiales sans écrans durant les repas, un meilleur sommeil sans écrans avant de s'endormir, plus de tranquillité et d'équilibre intérieur sans écrans dans la chambre.

Pour en savoir plus : sabineduflo.fr – alertecran.org.

D'expérience, on pourrait compléter ces 4 « pas » par une dernière interdiction :

- **pas d'écrans avant d'avoir fait ses devoirs et en tout cas pas d'écrans dans les 30 minutes qui suivent le retour à la maison.**

Cette règle permet aux enfants de se poser à la maison, d'échanger et d'avoir une meilleure attention lors de leurs devoirs.

Le nombre d'heures par semaine selon l'âge

Cette règle vise à placer une limite maximale en nombre d'heures tous écrans confondus. Elle est défendue par différents spécialistes de l'enfance, dont le psychiatre Stéphane Clerget.

Pas d'écrans avant 3 ans. Puis, un nombre d'heures d'écrans autorisées par semaine égal à l'âge de l'enfant. Avec un maximum de 12 h/semaine.

Par exemple :

- à 4 ans, 4 heures par semaine, soit environ 30 minutes par jour ;
- à 7 ans, 7 heures par semaine, soit 1 heure par jour ;
- à 10 ans, 10 heures par semaine, soit un peu moins d'une heure et demie par jour ;
- à partir de 12 ans et jusqu'à 18 ans, on limite à 12 heures par semaine.

Certains trouveront que cela fait déjà beaucoup, mais dans les faits et par rapport aux moyennes observées dans les études, ce sont déjà de beaux objectifs.

Voilà trois grandes lignes de recommandations qui couvrent les usages selon l'âge, les moments d'utilisation au quotidien et les durées d'utilisation selon l'âge.

La mise en place des règles familiales

Dans le but d'établir des règles personnalisées valables pour les enfants de votre famille, nous allons chercher à tracer des limites dans trois domaines qui font l'objet des trois grandes règles que l'on vient d'évoquer :

1. définir les interdictions d'usage pour chaque enfant de la famille ;
2. définir les moments de la journée sans écrans ;
3. définir la durée maximale autorisée par jour pour chaque enfant.

Si vous établissez des règles efficaces couvrant ces trois points, vous maximisez vos chances de conduire votre famille vers une nouvelle façon d'utiliser harmonieusement les écrans.

Pour y parvenir, prenez d'abord le temps de faire un état des lieux concernant l'exposition actuelle de chacun de vos enfants aux écrans. Puis, comparez cela aux grandes lignes directrices que l'on vient d'évoquer. Enfin, réfléchissez au niveau d'exposition auquel vous souhaiteriez idéalement arriver. Parlez-en avec votre conjoint et collaborez de concert sur ce sujet.

Prenez bien en compte l'âge de l'enfant, sa personnalité, son niveau actuel d'exposition. Si vous avez l'impression que vos réponses idéales sont très éloignées de son niveau actuel, réfléchissez à des étapes intermédiaires, aux premiers infléchissements que vous pourriez apporter.

Exemples de règles d'interdiction : pas de télévision avant l'âge de 3 ans – aucun jeu vidéo interdit aux moins de 18 ans avant l'âge de 16 ans – interdiction d'utiliser les réseaux sociaux avant l'âge de 12 ans – pas d'usage du téléphone portable avant l'entrée au collège– pas de télévision dans la chambre, etc.

Exemples de moments de la journée où les écrans sont interdits : la règle des 4 Pas, complétée par l'interdiction au retour de l'école pendant 30 minutes, ainsi qu'avant les devoirs, semble vraiment pertinente. Toutefois, quand l'enfant devient adolescent, il pourra être difficile d'empêcher l'arrivée d'un ordinateur dans la chambre, il faut alors veiller au respect strict d'horaires. De même, pour mettre en œuvre l'interdiction d'écrans avant le coucher, il peut être nécessaire de contrôler l'usage du téléphone portable en soirée, et éventuellement s'il le faut, en demandant à l'adolescent de déposer son téléphone hors de sa chambre la nuit, dans un endroit que vous pourrez contrôler. Notez bien que l'interdiction d'usage à certains moments de la journée va forcément conduire à baisser la durée d'usage, ce qui facilitera la tâche sur ce point.

Concernant la durée maximale autorisée, il est recommandé de mettre en place un planning plus détaillé, jour par jour. Sinon, votre enfant risque de vous répondre à juste titre que les journées d'école ne peuvent pas être traitées de la même façon que les jours sans école. Donc, vous pouvez vous poser et réfléchir à l'emploi du temps de votre enfant pour chaque jour de la semaine, et réfléchir à la durée autorisée chaque jour. Par exemple, si votre enfant a une activité le mardi après l'école, vous pourrez par exemple limiter à 30 minutes le temps d'écran le mardi tandis que le samedi ou le dimanche, vous pourrez monter jusqu'à 2 heures. De plus, **si vous ne voulez pas être pris en défaut lorsqu'arrivent les vacances, il vous faut édicter de nouvelles règles pour les périodes de vacances, en fonction des activités prévues.** En anticipant ainsi, votre enfant aura toujours un cadre auquel se tenir.

Notez bien que ce planning constituera une ligne directrice, un appui pour justifier les contraintes de temps, mais qu'il pourra y avoir parfois des petites adaptations selon les circonstances. Si le planning est respecté huit jours sur dix, c'est déjà une belle réussite.

TRUCS ET ASTUCES

L'établissement de la charte familiale et du planning de temps d'écran autorisé

Le but de cette démarche est d'établir une charte regroupant l'ensemble des règles applicables au sein de la famille. Cette charte fait référence, et on peut s'appuyer dessus pour légitimer l'exercice de contraintes par les parents. Elle doit faire l'objet d'un certain niveau d'adhésion de la part des enfants, suffisant pour permettre son fonctionnement. Idéalement, cette charte doit faire l'objet d'une adhésion complète de chaque membre de la famille, ce qui souligne encore l'importance de parler et d'expliquer préalablement.

1re étape : Réflexion des parents couvrant les interdictions d'usage, les moments sans écrans et les durées autorisées.

2e étape : Après avoir parlé aux enfants de la nécessité de réguler leur exposition aux écrans, présentation aux enfants du projet de régulation des écrans tel que pensé par les parents.

3e étape : Échange avec les enfants, négociations et ajustements jusqu'à parvenir à un niveau d'adhésion suffisant pour obtenir des résultats satisfaisants.

4e étape : Rédaction écrite des règles constituant la charte familiale des écrans. Réalisation d'un tableau de planning faisant figurer les durées maximales autorisées par jour et par enfant. Affichage du tableau visible par tous, par exemple sur le réfrigérateur. Si le niveau d'adhésion est bon, on peut même faire signer chaque membre de la famille sur la charte, pour ancrer l'accord.

La trame évoquée ci-dessus pour la réalisation d'une charte familiale est bien sûr une proposition, vous pourriez par exemple modifier ou améliorer les clauses de cette charte pour qu'elle corresponde mieux à certaines spécificités de votre famille.

Pour d'autres idées concernant l'établissement d'une charte sur les écrans, vous pouvez consulter, si vous parlez anglais ou espagnol, le *Family Media Plan* développé par l'Académie américaine de pédiatrie (AAP) : healthychildren.org/English/media.

Sur le site de l'association CoSE : surexpositionecrans.org, rubrique « Pour les parents », vous trouverez des exemples de chartes en français, inspirées de la trame proposée par le *Family Media Plan* de l'AAP.

Le contrôle du temps passé devant les écrans

Maintenant que des règles ont été fixées, il faut vous assurer qu'elles sont respectées. Même si vos enfants se sont montrés conciliants pour accepter ce nouveau cadre, la force d'attraction des écrans les conduira presque inconsciemment à y retourner plus souvent que prévu. Ainsi, nous allons évoquer plusieurs méthodes et techniques permettant de bien contrôler le temps passé devant les écrans.

Établir des restrictions d'accès *via* l'administration de la box Internet

Beaucoup de parents ne le savent pas, mais il est possible, **sur la plupart des box Internet, de définir des restrictions d'accès par tranches horaires pour chaque appareil du foyer connecté à cette box, par Ethernet ou Wifi**. Ainsi, vous pouvez décider que le mardi par exemple, la connexion Internet de votre enfant ne sera possible qu'entre 17 h et 19 h. Ce n'est pas très compliqué, il suffit de vous renseigner un peu sur le site de votre fournisseur d'accès et vous trouverez la marche à suivre. Si votre box actuelle ne le permet pas, songez à la remplacer par une box le permettant. Évidemment, ne donnez pas le mot de passe de l'administration de votre box à l'un de vos enfants, et pour les plus coriaces, vérifiez régulièrement que le mot de passe n'a pas changé, car certains enfants pourraient accéder à la box en demandant le renouvellement du mot de passe pour en créer un nouveau ensuite.

C'est là un moyen puissant et efficace. Notez que des logiciels de contrôle parental permettent aussi un contrôle des horaires et durées d'utilisation, nous en reparlerons juste après dans la partie « Contrôle des contenus ».

Gérer la connexion en téléphonie mobile

Les restrictions d'accès via la box empêcheront une connexion en Wifi par un téléphone, mais elles ne peuvent rien pour les connexions du téléphone en 4G/3G sur le réseau de téléphonie mobile. Des enfants motivés pourraient même faire un partage de connexion entre le téléphone et leur ordinateur pour continuer à utiliser Internet depuis leur ordinateur.

Il est donc nécessaire de contrôler l'usage du téléphone mobile. Vous trouverez ci-dessous différentes possibilités.

- Le soir, si vous suspectez que votre enfant ne respecte pas l'horaire du couvre-feu d'écrans que vous avez décidé, demandez-lui à ce qu'il dépose son téléphone hors de sa chambre ou bien qu'il vous le remette jusqu'au lendemain matin.
- Vous pouvez aussi agir éventuellement via le forfait de téléphone de votre enfant : optez dans ce cas pour un forfait avec une limite fixe où l'accès Internet devient impossible dès qu'on atteint cette limite. Il faut alors payer des recharges de Go pour continuer à l'utiliser. Gardez le contrôle sur le paiement de son forfait, ce qui vous permettra de décider ou non des recharges éventuelles. Ce système est préférable plutôt que les forfaits où l'accès reste possible, mais payant au-delà de la limite, et ceux où l'accès reste possible, mais en débit réduit. Le risque de cette dernière version est de voir votre enfant passer encore plus de temps sur son téléphone pour charger lentement des données, ce qui augmente son temps d'écrans et son exposition aux ondes.
- Et le meilleur pour la fin : les nouveaux systèmes d'exploitation de téléphone (Android® et Apple® notamment)

intègrent de plus en plus de fonctionnalités de contrôle parental et de contrôle du temps d'écrans. De plus, les opérateurs de téléphonie mobile proposent eux aussi des contrôles parentaux de plus en plus performants et adaptés. On trouve chez certains opérateurs des versions payantes pour quelques euros par mois qui permettent un contrôle très poussé du temps d'écrans et des contenus pour toute la famille. Regardez bien les prestations de contrôle parental proposé par les différents opérateurs, car il existe des différences notables qui peuvent clairement orienter votre choix, et privilégiez les systèmes permettant aussi un contrôle des durées et horaires d'utilisation.

- Enfin, notez qu'il existe aussi des logiciels/applications payants de contrôle parental sur téléphone mobile.

TRUCS ET ASTUCES

L'association e-Enfance, créée en 2005 et agréée par le ministère de l'Éducation nationale en France, a pour mission de protéger les enfants sur Internet. Vous trouverez sur son site **e-enfance.org** quantité d'informations utiles pour mieux gérer Internet pour vos enfants. Notamment, dans la section « Parents », vous trouverez de nombreuses informations pratiques sur le contrôle parental, avec des comparatifs des différentes solutions pour la téléphonie mobile, mais aussi pour l'ordinateur, les consoles de jeux, certaines applications comme YouTube® ou Netflix®…

Le contrôle de l'accès physique à l'ordinateur ou à la télévision

Il faut éviter autant que possible les écrans dans la chambre de l'enfant. Pour la télévision, soyez vraiment ferme pour refuser sa présence dans la chambre, et ce à tout âge. Pour l'ordinateur, essayez de repousser le plus tard possible cette échéance, mais vient un moment, au moins après l'entrée au collège, où cette demande peut être entendue.
En plaçant une télévision ou un ordinateur dans une pièce sur laquelle vous pouvez jeter rapidement un œil, vous gardez une forme de contrôle sur le temps passé et les contenus consultés. La simple possibilité de votre regard modifie le comportement des enfants et les contenus consultés.

Une bonne option, quand c'est possible, est de placer l'ordinateur ou la télévision dans une pièce que l'on peut fermer à clé. Ainsi, lorsque la porte est fermée à clé, le message est très clair pour les enfants.

Pour les enfants coriaces, en l'absence de verrou, vous pouvez retirer une partie du matériel dans les moments où l'usage est interdit : câbles, clavier, souris.

Le contrôle visuel au contact des enfants

La présence d'un parent dans la maison est d'une grande aide pour veiller au contrôle. Passer régulièrement voir votre enfant dans sa chambre ou dans la pièce où il se trouve pour regarder ce qu'il fait, pour échanger quelques mots avec lui, vous permettront de vérifier que les règles sont bien respectées. **Soyez particulièrement vigilants dans la période qui suit l'établissement des règles, car c'est là que le sevrage peut être le plus difficile.**

Le contrôle des contenus

Bien entendu, en parallèle du contrôle des horaires et durées d'utilisation, il vous faut contrôler les contenus. Certains d'entre eux peuvent avoir été spécifiés dans la charte familiale dans la partie dédiée aux interdictions d'usage, et d'autres peuvent faire l'objet d'échanges verbaux avec vos enfants pour bien aborder avec eux la diversité des cas.

Les systèmes de contrôle parental – en tant que solutions techniques

Dans la partie qui précède, nous avons abordé les moyens de contrôle d'horaires et de durée, indépendamment des solutions techniques de contrôle parental. Bien que ces dernières puissent nous rendre de grands services, il était important d'évoquer d'abord des méthodes permettant de fonctionner sans le contrôle parental, car dans certains cas, les solutions de contrôle parental qui limitent aussi le contenu ne sont pas idéales :

- lorsque l'adolescent grandit, un logiciel de contrôle du contenu peut être perçu comme trop infantilisant, et il peut entrer en réaction face à cela. Certains logiciels de contrôle parentaux sont très poussés en matière de suivi de l'activité de l'enfant, et de grands adolescents pourraient y voir un non-respect de leur intimité. Des solutions de contrôle d'horaires et de durée passeront mieux auprès d'un grand ado. Le contrôle du contenu s'apparentera alors plus à des échanges, des recommandations ;

- lorsqu'il y a plusieurs enfants d'âges différents dans la famille qui alternent sur un même ordinateur, le logiciel de contrôle du contenu peut alourdir la fluidité d'utilisation, nécessitant une manipulation chaque fois qu'on change d'utilisateur afin que la protection reste adaptée à l'âge. Sinon, on paramètre le logiciel pour la protection du plus jeune, mais les plus grands râleront… Ainsi, certaines familles choisissent un niveau minimal de contrôle parental, adapté aux plus grands, en étant vigilant par ailleurs sur l'utilisation par les plus jeunes.

Une fois posé ce préambule, les systèmes de contrôle parentaux peuvent grandement vous faciliter la tâche pour filtrer le contenu et également les horaires et durées.

- Si tous vos enfants sont relativement jeunes (moins de 12 ans par exemple), il est fortement recommandé d'installer un tel système. Des fonctionnalités permettent aux parents de voir l'usage qu'ont fait les enfants de l'ordinateur et d'exercer une surveillance approfondie. Si vous utilisez de telles fonctionnalités de supervision, prévenez vos enfants afin qu'ils n'aient pas l'impression ensuite que vous les espionnez sans respecter leur intimité.

- Si vous savez qu'un enfant a une tendance à consulter du contenu interdit, alors l'installation d'un contrôle parental peut grandement aider.

- **L'installation du contrôle parental sur le téléphone mobile d'un enfant peut s'avérer très utile et efficace**. Elle permet à la fois de gérer les problématiques d'horaires, de durées et le contenu. Il existe des paramétrages très précis que l'on peut fixer quant aux différents types de contenu. Parlez-en bien avec votre enfant pour lui expliquer ce paramétrage. Comme évoqué, il existe des solutions proposées par le système d'exploitation du téléphone (Android®, Apple®), par l'opérateur téléphonique ou par des applications/logiciels payants. Quand l'adolescent grandit, réduisez progressivement le contrôle parental au minimum sur son téléphone, en se limitant aux restrictions d'horaires par exemple et sans contrôle de contenu, afin de valoriser son autonomisation.

- Pensez à installer un contrôle parental sur YouTube®, Netflix® et sur les consoles de jeux vidéo. (Voir e-enfance.org, section « Parents ».)

- **Il existe plusieurs moyens pour mettre en place un système de contrôle parental sur votre ordinateur :** par votre opérateur Internet, par le système d'exploitation de votre ordinateur (Windows® par exemple propose des solutions), ou par des logiciels payants. Selon la configuration et les âges de votre famille, vous pourrez trouver une solution adaptée. À nouveau, de nombreuses informations pratiques pour vous aider dans votre choix figurent sur **e-enfance.org**. Si vous sentez que l'embarras du choix va vous ralentir, lancez-vous en testant par exemple ce que propose votre opérateur Internet ou Windows® par exemple, et vous pourrez ensuite améliorer les choses.

ATTENTION

Un système de contrôle parental ne remplace pas votre vigilance. Un jour ou l'autre, il arrivera probablement que votre enfant se balade sur un ordinateur sans contrôle parental, ou bien qu'il utilise votre ordinateur personnel, ou bien encore qu'il soit suffisamment malin pour contourner le système de contrôle, et ce sera alors toute l'éducation que vous lui aurez transmise qui le protégera.

Les aînés et la suite de la fratrie

Contrôler un aîné est beaucoup plus facile que les enfants suivants de la fratrie.

Si vous exercez une bonne surveillance de l'exposition aux écrans d'un aîné, vous allez l'accompagner au fil des ans dans son évolution. Son temps d'exposition aux écrans va certainement augmenter peu à peu, les usages vont se diversifier. Et à un moment, les choses vont commencer à se corser pour la suite de la fratrie. Tandis que l'aîné n'avait pas vraiment connaissance de différents usages possibles puisqu'il n'avait pas d'exemple à la maison, les enfants suivants vont constamment être confrontés aux usages d'écrans de l'aîné. Le petit frère de 8 ans rentre dans la chambre de son grand frère de 13 ans qui regarde des vidéos sur YouTube®, et du coup, lui aussi a envie d'en regarder… L'aîné n'aurait pas eu cette envie à 8 ans… Le petit frère veut simplement regarder des vidéos sur comment faire des avions en papier, sa demande est légitime, donc vous voilà parti pour gérer YouTube® avec un enfant de 8 ans.

Ainsi, les familles comptant plusieurs enfants doivent démultiplier leurs efforts pour gérer adéquatement l'exposition aux écrans de chaque enfant, en faisant face à des forces d'attraction accrues par l'exemple des aînés. Parfois, certaines familles ne connaissent pas particulièrement de problèmes avec les écrans tant que l'aîné n'a pas basculé dans un usage plus intensif, qui peut survenir tardivement vers 11 ou 12 ans si les parents ont été vigilants avant. Mais alors, dès que l'aîné a basculé, toute la fratrie peut entrer en ébullition, chaque enfant demandant son lot d'écrans… C'est alors le moment de déployer des efforts pour cadrer la famille.

Pour que le sevrage ne soit pas trop dur

En même temps que vous établissez un contrôle des écrans, vous devez évaluer le niveau d'effort que cela demande à votre enfant. Vous percevrez cela à partir de son niveau actuel d'exposition, mais aussi des échanges avec lui au sujet de

vos intentions de contrôler les écrans. Soyez habiles, ni trop durs, ni trop tendres, pour son bien.
Comme nous l'avons évoqué, un sevrage réussi dépend souvent d'une bonne combinaison de contrôles et de substituts. Ces derniers vont permettre d'adoucir la période de transition durant laquelle les mécanismes addictifs nous poussent à retourner vers l'objet de notre addiction. Toute la partie qui suit – les alternatives aux écrans – va vous fournir de nombreuses idées pour rediriger votre enfant vers une vie plus saine et équilibrée, et pourra bien souvent faire office de substituts. Mais évoquons ici quelques grandes lignes utiles dans les premiers moments du sevrage.

Ne vous contentez pas de dire à votre enfant « arrête les écrans » sans rien proposer à la place. Lorsque vous lui demandez de cesser son exposition à des écrans, proposez-lui autre chose qui lui plaît : soyez prêts à consacrer plus de temps et aussi un peu plus d'argent à votre enfant pendant cette période. Proposez-lui des sorties à l'extérieur avec vous : du sport, aller manger une glace, faire une activité qui lui plaît, même faire du shopping… Essayez de rallonger le temps hors de la maison, loin de l'objet de son addiction. S'il est en âge, proposez-lui un peu plus d'argent de poche pour aller manger avec ses amis ou pour aller faire une activité.

Bien souvent, au moment où un enfant doit diminuer son exposition, il peut réagir en étant irritable et désagréable, ou déprimé et disant qu'il n'a envie de rien. Plus rien ne semble l'intéresser, il peut dire « non » à presque tout ce que vous lui proposez à la place des écrans. Soyez patient et calme en comprenant qu'il s'agit là d'un processus tout à fait normal lors d'un sevrage. Et la bonne nouvelle, c'est que bien souvent cela ne dure pas longtemps. Après quelques journées difficiles, vous allez voir votre enfant retrouver goût à la vie et de l'intérêt dans diverses activités, il va regagner en tranquillité. Si toutefois vous sentez que la force des réactions de votre enfant vous dépasse et que vous ne pensez pas pouvoir lui permettre de diminuer son exposition par vous-même, n'hésitez pas à chercher de l'aide à travers les pistes que nous donnons page 120 et suivantes.

Chez les jeunes enfants, vous pourrez constater que le moment où ils râlent peut être relativement bref. Pendant un quart d'heure, ils se plaignent de n'avoir rien à faire et de s'ennuyer, puis vous les retrouvez ensuite à faire des dessins, des loisirs créatifs, des jeux de construction, des circuits de voiture, etc. Parfois, il suffit de savoir laisser passer l'orage et tout redevient tranquille. Il faut en être conscient : quand vous demandez à un enfant de « cesser l'écran », il y aura très probablement une réaction de sa part notamment lorsque vous entamez ce processus de contrôle.

Lorsque vous sentez que c'est difficile pour votre enfant, inutile d'ajouter la sévérité à la fermeté. Maintenez les règles, mais montrez en même temps de la compassion, en disant que vous comprenez que ce ne soit pas facile pour lui, et même douloureux parfois. **La fermeté dans les actes et la douceur dans le cœur**. Si à un moment donné c'est trop dur pour lui, réfléchissez à un substitut, une alternative à mettre en œuvre de suite.
Après la période de réactions de l'enfant face au sevrage, quel bonheur que de le voir retrouver goût à des choses

simples, de le sentir plus tranquille, posé, créatif et heureux tout simplement. Vous voyez alors les résultats de vos efforts et vous vous dites qu'ils en valaient vraiment la peine.

EN PRATIQUE

- Inspirez-vous des grandes règles portant sur les temps d'écrans : 3-6-9-12, les 4 Pas, et le nombre d'heures par semaine égal à l'âge.
- Établissez des règles familiales et éventuellement une charte familiale fixant les interdictions d'usage, les moments de la journée sans écrans, les durées maximales autorisées par jour et par enfant.
- Choisissez des moyens adaptés pour contrôler le temps passé et les contenus consultés : administration de la box Internet – systèmes techniques de contrôle parental pour l'ordinateur, le téléphone mobile, les consoles de jeux – contrôle de l'accès physique aux écrans – contrôle par le contact et le dialogue avec les enfants.
- Soyez prêts à déployer davantage d'efforts et de vigilance une fois que l'aîné d'une fratrie se met à utiliser les écrans plus intensément.
- Agissez avec habileté et compassion pour contrôler et éventuellement sevrer, en dosant les substituts et alternatives aux écrans.

CHAP. 7

LES ALTERNATIVES AUX ÉCRANS

Des études scientifiques portant sur l'observation de rats et de souris ont clairement démontré que leur environnement de vie joue un rôle clé face aux phénomènes d'addiction : un environnement de qualité réduit la propension à être attiré par des substances addictives, et l'amélioration de l'environnement peut conduire au sevrage des addictions.

*De même, **il est évident que le cadre de vie global joue un rôle essentiel concernant le repli addictif des enfants sur les écrans.** Avec un environnement de vie dégradé, les enfants ont tendance à fuir dans l'ailleurs virtuel des écrans. En améliorant leurs conditions de vie et en favorisant différentes alternatives aux écrans, nous allons grandement contribuer à leur équilibre.*

Voici donc une série de domaines d'actions à travers lesquels vous diminuerez les risques d'addiction et vous pourrez aider au sevrage des enfants déjà surexposés.

Activités

Tout le temps qu'un enfant passe à faire des activités, c'est du temps en moins pour les écrans et c'est du temps en plus pour s'épanouir. Ne vous contentez pas du seul cadre scolaire et voyez en détail l'emploi du temps de votre enfant. Pour chaque jour, une fois comptabilisés le temps d'école et le temps raisonnablement consacré aux devoirs, voyez tout ce qu'il reste. Les enfants sont pleins d'énergie et n'ont généralement pas besoin de beaucoup se reposer la journée. S'ils sont bien occupés et fatigués, ils se coucheront naturellement plus tôt et ce ne sera pas plus mal. Donc, évitez le calcul consistant à se dire qu'il faut leur garder un maximum de temps pour leurs devoirs ou pour se reposer, car vous risquez sinon de découvrir que vos enfants vont consacrer en réalité beaucoup de ce temps à regarder des écrans. Proposez-leur des activités adaptées à leur profil : sport, activités artistiques, etc.

Les devoirs

À l'école primaire et au début du collège, il est important d'acquérir les compétences transmises dans le cadre scolaire. Consacrer un certain temps aux devoirs est donc utile, sans pour autant mettre une pression excessive aux enfants. En revanche, à la fin du collège, et *a fortiori* au lycée, il est question de l'orientation de votre enfant, qui va avoir des conséquences sur l'ensemble de son parcours professionnel. Ainsi, la période 14-20 ans est vraiment propice aux efforts. Partagez avec votre enfant, expliquez-lui à quel point il est important qu'il fasse de son mieux dans son travail scolaire pendant ces années-là, pour l'orientation de sa vie ensuite, quelle que soit la filière professionnelle qu'il choisira. **S'il perd son temps sur des écrans alors que faire ses devoirs et son travail scolaire serait tellement plus porteur pour lui, échangez avec calme et lucidité avec lui à ce sujet**. À cet âge, notez qu'il ne s'agit plus d'imposer par la force, il s'agit plutôt d'adopter une posture de copilote qui est au côté de l'enfant avec bienveillance, et qui le laisse de plus en plus aux commandes de sa vie, éclairé par vos conseils.

Vie sociale

Tout le temps passé avec des amis, c'est du temps en moins sur les écrans. Ces derniers sont censés favoriser les échanges et la communication, mais au bout du compte, les enfants se voient moins « en vrai » pour jouer, échanger, discuter. Valorisez la vie sociale au contact d'amis aux yeux de vos enfants. **Expliquez-leur la grande différence qu'il y a entre un contact via des écrans et le contact infiniment plus riche de la vie réelle, qui va grandement contribuer à leur épanouissement, à leur aisance sociale et finalement à trouver une belle place harmonieuse dans la vie**. Ainsi, n'hésitez pas à proposer d'inviter des camarades à la maison et surveillez alors que ce temps ensemble n'est pas consacré aux écrans. Lorsqu'ils sont en âge, poussez vos adolescents à sortir avec des amis, à aller au cinéma ensemble (même s'il s'agit là encore d'un écran, mais au moins c'est dans un cadre social), à aller faire un bowling, etc. Si votre enfant a des difficultés à aller vers les autres, soyez un coach pour lui. Échangez chaque jour avec lui à ce sujet, donnez-lui des conseils et des pistes à tenter, soutenez-le pour oser aller au contact. Félicitez-le quand il y parvient.

Nature

Tout le temps passé dans la nature est grandement bénéfique pour lutter contre la surexposition aux écrans. Un jardin, un parc à proximité, la forêt, la présence de la mer, d'une rivière, d'un lac, une promenade sur un sentier… tous ces éléments naturels participent à notre équilibre sans même que nous nous en rendions compte. Si vous placez un adolescent *addict* aux écrans dans la nature, il risque de râler le premier jour en disant qu'il s'ennuie et qu'il n'a rien à faire ici, mais au fil des jours, il va s'apaiser, son système interne va retourner spontanément vers l'équilibre, en résonance avec l'harmonie naturelle autour de lui. **Selon les possibilités autour de vous, trouvez des moyens de mettre votre enfant davantage en contact avec la nature.**

Logement

Dans un logement où l'on ne se sent pas bien, l'enfant aura spontanément envie de se replier sur des écrans, pour fuir le désagrément qu'il ressent dans le lieu. Ainsi, en tant que parents, il faut s'attacher à loger notre famille dans un lieu sain et harmonieux, bien sûr en faisant avec les contraintes de notre vie, financières, professionnelles, etc. Il serait bien trop long d'évoquer ici tous les aspects à considérer pour optimiser nos choix de logement et je vous recommande pour cela la lecture d'un ouvrage que j'ai écrit précédemment, *Bien choisir son lieu de vie pour vivre en harmonie*, aux éditions Jouvence. Cet ouvrage dresse un panorama complet des facteurs à prendre en compte pour rechercher plus d'harmonie et de bien-être dans notre logement. **Même avec des moyens financiers limités pour votre logement, il y a quantité d'améliorations que vous pouvez apporter et qui peuvent jouer un rôle décisif pour l'équilibre de**

votre enfant, et notamment dans son rapport aux écrans. Prenez ce sujet en mains.

Vacances

Votre enfant passe environ un tiers de l'année en vacances, hors du cadre scolaire. Là aussi, si vous n'entreprenez pas de mettre à profit le temps de vacances de votre enfant dans son intérêt, et si vous tablez par exemple sur l'idée qu'il va simplement se reposer pendant ses vacances, vous allez le retrouver à passer un temps considérable devant les écrans, renforçant les habitudes addictives qui persisteront ensuite en partie en période scolaire. **Les enfants n'ont pas besoin de 15 jours pour se reposer.** Et s'ils étaient fatigués, au bout d'un jour ou deux, la très grande majorité d'entre eux sont à nouveau en forme pour peu qu'ils aient une vie à peu près saine, c'est-à-dire notamment sans trop d'écrans. **Parfois, des enfants se plaignent de fatigue justement parce qu'ils passent trop de temps devant leurs écrans.** Ainsi, il va falloir réfléchir à comment les occuper pendant les vacances : avec les copains, avec des activités, des stages, en vous donnant aussi des coups de main à la maison ou dans le jardin si vous avez la chance d'en avoir un… Une partie du temps pourra être consacré aux écrans, mais avec modération et contrôle.

Vous l'aurez compris, le fait de devoir extraire les enfants des écrans peut nécessiter un effort financier de votre part.

Faites au mieux bien sûr, en fonction de vos moyens, mais placez haut cette priorité. Renseignez-vous si besoin auprès de votre mairie, de votre caisse d'allocations familiales (CAF) et des associations dans votre quartier.

TRUCS ET ASTUCES

Anticipez. Il peut être difficile de lutter contre l'attraction des écrans si vous n'avez pas programmé à l'avance suffisamment d'occupations. Au dernier moment, vous aurez beaucoup de mal à trouver des activités et votre enfant aura tout loisir de répondre « non » à tout ce que vous lui proposerez, en montrant par là son envie de passer son temps uniquement devant des écrans. En anticipant, vous prenez le temps d'organiser les choses, de bien choisir des activités en obtenant autant que possible l'adhésion de votre enfant, de préparer l'emploi du temps, et votre enfant lui aussi s'ajustera à ce planning à venir. En effet, il sentira bien qu'il ne peut pas s'y opposer au dernier moment puisque cela fait un moment qu'il en a été décidé ainsi, et si possible avec son adhésion.

L'anticipation est donc fortement recommandée pour les vacances ainsi que pour l'année scolaire. Si vous espérez que votre enfant, seul chez lui, passera plusieurs heures ou une journée entière sans se laisser absorber par tel ou tel écran, c'est illusoire dans la grande majorité des cas. La nature a horreur du vide, dit-on, et bien la plupart des enfants ont tendance à remplir le vide par les écrans. Ne laissons pas trop de vide et anticipons dans ce sens.

Les tâches simples du quotidien

Saviez-vous que de nombreuses études ont démontré que les enfants qui participent aux tâches ménagères sont plus heureux et ont une plus grande probabilité de mener une vie d'adulte épanouie ? **Impliquer ses enfants dans les tâches quotidiennes de la maison est vraiment un cadeau à leur faire**. Cela leur donne un sentiment de participation, d'appartenance, de responsabilité, de capacité personnelle, de contribution, de liberté par rapport à leurs préférences personnelles… sentiment qui est très précieux et qui s'ancre petit à petit en eux. **Ils acquièrent des automatismes d'ouverture aux besoins des autres et de la communauté, au sein de laquelle ils trouvent naturellement leur place**. Tout le temps consacré aux tâches ménagères est un temps bien investi dans leur intérêt, tellement mieux que de le dilapider heure après heure devant des écrans. Voici quelques recommandations pour aller dans ce sens :

- Doser habilement les tâches demandées et leur durée en fonction de l'âge. Et si vous vous mettez tout à coup à leur demander une participation alors qu'il n'en était pas ainsi avant, allez-y progressivement. Il est recommandé de commencer petit à petit à partir de l'âge de 3 ou 4 ans.
- Établissez des attributions précises et régulières de tâches, par exemple à travers un planning hebdomadaire sur le réfrigérateur.

- Valorisez la participation de vos enfants, félicitez-les pour leur bonne attitude.
- Montrez l'exemple et faites de temps en temps les tâches avec eux, pour que ce soit convivial et pas simplement une corvée.
- Ne leur donnez pas d'argent pour les tâches basiques et récurrentes du quotidien, mais vous pouvez leur en donner un peu s'ils vous donnent un coup de main pour certaines tâches exceptionnelles pour eux.

Un peu d'ennui

Si votre enfant s'ennuie un peu, ce n'est pas négatif. Cela peut surprendre, mais un peu d'ennui a de nombreuses vertus : c'est un moment d'apaisement, de recentrage et d'équilibrage intérieur, et de là peuvent émerger de la créativité et de nouveaux dynamismes dans notre vie. **Lorsqu'on s'ennuie, notre système interne se réajuste pour aller vers de la nouveauté**. Ne laissez pas un enfant repartir systématiquement vers ses écrans sous prétexte qu'il s'ennuie. Au contraire, dites-lui que l'ennui peut être très bénéfique et que d'ici un moment il aura envie de se consacrer à d'autres choses bien plus positives pour lui que les écrans. Notez bien qu'il est possible que votre enfant se plaigne davantage de l'ennui pendant une période de sevrage des écrans. Si après cela, vous sentez que l'ennui prend trop de place dans la vie de votre enfant, accompagnez-le vers d'autres activités et vers le monde extérieur.

EN PRATIQUE

- Proposez aux enfants des activités extrascolaires adaptées à leur personnalité, en équilibrant les temps consacrés aux devoirs, aux activités et aux écrans.
- Ne laissez pas les écrans empiéter sur le temps dédié aux devoirs, a fortiori dans la période cruciale d'orientation de 14 à 20 ans.
- Coachez votre enfant pour qu'il développe des relations amicales et sociales.
- Mettez votre enfant au contact de la nature.
- Veillez à ce que votre logement soit un lieu de vie aussi harmonieux que possible, sans nuisance affectant l'enfant.
- Prévoyez des vacances bien occupées et ne laissez pas votre enfant avec un emploi du temps vide.
- Faites participer vos enfants aux tâches quotidiennes de la maison.
- N'ayez pas peur d'un petit peu d'ennui pour votre enfant.

CHAP. 8

LE MODÈLE PARENTAL

Nous le savons bien, la plupart des adultes sont accros aux écrans, jonglant du smartphone à l'ordinateur, avec de la télévision entre deux. Et nos enfants se retrouvent ainsi doublement influencés : à la fois par la société hyperconnectée dans son ensemble et par le modèle parental qu'ils côtoient quotidiennement.

En agissant sur notre propre addiction aux écrans et sur le modèle que nous proposons à nos enfants, nous pouvons grandement influencer leur relation aux écrans.

Travailler sur notre propre addiction aux écrans

La surexposition des adultes aux écrans est un sujet de mieux en mieux connu du grand public. Des documentaires, des articles de presse, des ouvrages vous permettent aujourd'hui d'accéder à de nombreuses informations permettant de mieux comprendre la nature du problème et les moyens d'action pour y remédier. Page 121, vous trouverez également des sites Internet d'information à ce sujet. **En vous libérant de votre propre addiction aux écrans, vous aiderez votre enfant à limiter son exposition.**

TRUCS ET ASTUCES

Et si vous contrôliez le temps d'utilisation de votre smartphone ? De nombreuses applications permettent de connaître et contrôler son utilisation. De plus, Apple® et Google®/Android® déploient maintenant eux-mêmes ce type de systèmes. Grâce à ces applications, vous pouvez connaître précisément les types d'usages, la fréquence de consultation, le temps passé et vous pouvez placer des limites pour empêcher les excès… En prenant ainsi conscience de notre utilisation du smartphone, nous pouvons aisément nous motiver pour progresser et retrouver de l'équilibre. Voici une liste non exhaustive d'applications de contrôle d'utilisation du smartphone, chacune ayant des caractéristiques propres : Space®, Instant®, Moment®, Forest®, Off Time®, IFTTT®, Quality Time®, Checky®, Break Free®… ou optez pour le système d'Apple® ou d'Android® si votre smartphone le permet.

Comment montrer l'exemple

Par votre présence et votre comportement, l'adulte que vous êtes est un modèle pour les enfants qui vous entourent. En montrant l'exemple, vous allez grandement aider les enfants à limiter leur exposition. De plus, vous allez vous-même bénéficier de ce comportement, car montrer l'exemple exigera de vous une certaine maîtrise de votre propre gestion des écrans, et contribuera donc à vous libérer d'une forme de dépendance qui s'était sans doute installée, comme chez beaucoup d'adultes.

En présence de vos enfants, minimisez l'usage des écrans. Dès que vous êtes avec eux, profitez de ces instants ensemble pour échanger, pour jouer, autrement qu'autour d'un écran. Ne vous refermez pas sur votre écran en laissant votre enfant en faire autant sur le sien. Comme vous pourrez le constater, un tel objectif exige de nous des efforts tant nous avons pris l'habitude de nous distraire en consultant nos mails, les réseaux sociaux ou les informations en regardant discrètement notre téléphone alors que nos enfants sont autour de nous : retenez-vous. **Le travail ne doit pas non plus être un prétexte pour consulter sans cesse ses mails.** En vérité, on peut être très performant professionnellement sans être connecté en continu à ses mails lorsqu'on est à la maison.

N'allumez la télévision que lorsque vous voulez regarder quelque chose de précis et ne la laissez pas allumée en permanence, car c'est là une très grande pollution pour la famille. Même s'il ne s'agit pas d'un écran, évitez aussi la radio en présence de vos enfants. Quand vous avez un trajet avec eux en voiture, profitez-en pour échanger ensemble, car ces moments sont tellement précieux pour parler, pour transmettre. En écoutant la radio, nous perdons cette opportunité et subissons là aussi une forme de pollution mentale qui ne fait aucun bien à nos enfants.

Enfin, en s'inspirant de la règle des 4 Pas que nous avons évoquée page 78, il est recommandé de s'abstenir d'écrans le matin avant que chacun ne parte à l'école ou au travail, ainsi que pendant les repas. Et nous complétons cela en nous abstenant également au retour de l'école ou du travail, par exemple pendant la première demi-heure après ce retour. Nous ouvrons ainsi des temps sans écrans qui vont grandement bénéficier à nos enfants et à la famille.

TRUCS ET ASTUCES

Pour regagner la maîtrise sur vos écrans, ne vous laissez plus solliciter quand ce n'est pas le moment : désactivez tous les systèmes de notification liés aux applications de votre smartphone, désactivez le téléchargement automatique des mails sur votre messagerie et recevez-les uniquement quand vous ouvrez votre messagerie. Grâce à cela, votre attention ne sera plus dérangée en permanence par ces intrusions qui perturbent votre vie personnelle et le temps passé avec vos enfants. Enfin, quand vous voulez consacrer un moment tranquille à vos enfants, sans même être dérangé par des appels ou des SMS, pensez à mettre votre téléphone sur mode avion.

Les valeurs transmises aux enfants

À travers vos comportements et votre façon d'être, vous transmettez beaucoup à vos enfants. En voyant leurs parents constamment rivés sur leurs écrans, les enfants reçoivent les messages suivants : un adulte est toujours en quête de distraction et d'excitation – il n'est jamais pleinement concentré sur ce qu'il fait, mais passe toujours d'une chose à une autre – le moment présent dans toute sa profondeur et sa richesse est moins intéressant qu'un écran – mes parents préfèrent passer du temps sur leur écran plutôt que d'être avec moi…

Inutile de culpabiliser si nous réalisons qu'il y a du vrai là-dedans, mais motivons-nous pour assainir notre propre utilisation des écrans. Ainsi, nous pouvons espérer transmettre des valeurs bien plus porteuses pour l'enfant : un adulte sait se poser tranquille et apprécie d'être heureux dans le moment présent – un adulte n'est pas l'esclave de ses désirs, de ses addictions – il peut se concentrer de façon prolongée sans être constamment distrait – mes parents préfèrent être avec moi que face à leur écran.

Vous pouvez apporter tant de bonheur à vos enfants et à votre famille en reprenant en mains le modèle parental que vous représentez.

À RETENIR

Une famille est un organisme dont la vitalité dépend de la santé de chacun de ses membres. Comme une fleur, parée de plusieurs pétales, qui serait affectée dans son ensemble dès lors qu'un des pétales est affaibli ou malade. Lorsqu'un enfant est replié sur des écrans, que son épanouissement s'en trouve ralenti, c'est toute la famille qui en est affectée. De même, si un parent est accaparé par des écrans, déconnecté de la richesse du moment présent et des autres, c'est toute la famille qui en souffre. Ainsi, tous les membres d'une famille devraient s'épanouir de concert en prenant conscience de l'immense chance qu'ils ont de vivre et grandir ensemble dans un contexte d'amour familial.

EN PRATIQUE

- Déployez des efforts pour vous libérer de votre propre addiction aux écrans.
- Soyez vigilants quant à l'exemple que constitue votre propre gestion des écrans.
- Transmettez à vos enfants, à travers votre attitude et votre comportement, des valeurs porteuses pour eux.

CHAP. 9

COMMENT TROUVER L'ÉNERGIE NÉCESSAIRE ?

Pour accompagner nos enfants vers l'équilibre en matière d'utilisation des écrans, il va nous falloir déployer une certaine énergie. *Nous devrons en effet nager à contre-courant par rapport aux tendances à l'hyperconnexion qui animent notre société contemporaine et nous devrons infléchir certains comportements déjà installés chez nos enfants et en nous, qui relèvent bien souvent de l'addiction.*

Si vous êtes épuisé par votre travail, que votre habitation ne vous permet pas de vous régénérer, que vous vivez une vie déséquilibrée... tout cela vous rendra la tâche bien plus difficile. Ainsi, ***nous devons retrouver de l'énergie*** *et nous allons évoquer ici différents domaines où vous pouvez agir dans ce sens.*

Le travail

Si les deux parents travaillent et que leur métier leur prend beaucoup d'énergie, ils espéreront rentrer à la maison pour s'y reposer, heureux de contempler leurs enfants s'épanouir d'eux-mêmes. Mais en réalité, lorsque les parents rentrent à la maison, une nouvelle session d'efforts commence, car nos enfants ont besoin d'être éduqués, accompagnés et pas simplement nourris et logés. L'écoute, les devoirs, les conseils, le suivi, l'accompagnement quotidien, et la surveillance des comportements, dont la gestion des écrans, exigent une grande attention... Ainsi, quand les deux parents travaillent, il est essentiel qu'ils ne dilapident pas toute leur énergie dans leur activité professionnelle, quitte à vivre un peu plus simplement, de façon à garder l'énergie suffisante pour éduquer les enfants et notamment pour gérer leur utilisation des écrans.

L'habitation

De la même façon que vos enfants peuvent être affectés par une habitation inadaptée, celle-ci peut aussi vous fatiguer et amoindrir votre capacité à apporter des changements positifs dans votre vie et celle de vos enfants. L'habitation peut aussi induire une forme de mal-être chez les parents et les enfants qui auront tendance à fuir dans le monde virtuel des écrans parce qu'ils ne se sentiront pas à l'aise et détendus chez eux. Rappelez-vous : plus votre environnement est agressif, plus vous avez tendance à vous replier sur des comportements addictifs.

L'hygiène de vie

Dormir suffisamment, manger sainement, fréquenter régulièrement la nature, ne pas subir de dépendances à la cigarette, à l'alcool, aux médicaments, aux drogues, surveiller son cadre de vie, et vous voilà déjà sur de bonnes bases pour que votre énergie se fortifie naturellement. Dès lors qu'on s'éloigne de cet équilibre de vie, qu'on bascule dans des excès sous une forme ou une autre, notre énergie et notre capacité d'action s'en trouvent affectées. **Ainsi, soignons notre hygiène de vie afin d'avoir une bonne quantité d'énergie disponible pour accompagner nos enfants.**

La sexualité

Si vous sentez que vous manquez d'énergie, sachez que les traditions orientales ont toujours insisté sur l'importance de l'énergie sexuelle. Lorsque celle-ci est dilapidée par des éjaculations trop fréquentes, des menstruations excessives et déséquilibrées, la personne concernée perd beaucoup d'énergie et peut avoir du mal à produire les efforts importants que requiert parfois l'éducation des enfants. Sachez qu'en Orient, différentes traditions ont développé des approches profondes et épanouissantes de la sexualité. **Une pratique saine et équilibrée de la sexualité, dans un contexte d'amour entre les partenaires, peut les conduire vers un surcroît d'énergie et non une déperdition. Cette énergie abondante peut alors être mise au service de nos différents besoins et de nos enfants**. Pour en savoir plus, les ouvrages de l'instructeur taoïste Mantak Chia sont recommandés.

Les pratiques saines et régénératrices

Insérez dans votre emploi du temps quelques moments dédiés à des pratiques régénérantes. Un peu de sport, du yoga, du tai-chi-chuan, du qi gong, ou encore différentes disciplines physiques de détente, de conscience et de musculation douce peuvent vous faire le plus grand bien. Une simple marche dans la nature apporte beaucoup de bienfaits.

En hiver et lorsque vous manquez de lumière, allez vous régénérer au soleil en plein air quelques instants lorsqu'apparaît une éclaircie. Une simple pause de quinze minutes pour recevoir un peu de soleil peut vous recharger très positivement.

Beaucoup d'entre nous s'installent dans un emploi du temps très sédentaire, passant des journées entières enfermés, assis à un bureau devant un écran. On ne trouve même plus la force de s'extraire de cet enlisement qui affaiblit notre énergie. **En mettant en place au moins une pratique saine de façon hebdomadaire, nous redynamisons notre système énergétique.**

EN PRATIQUE

- Veillez à ce que les deux parents ne soient pas absorbés par leur travail au point de ne plus avoir suffisamment d'énergie pour éduquer les enfants.
- Faites de votre habitation un lieu de ressourcement.
- Suivez des règles basiques et de bon sens en matière d'hygiène de vie.
- Faites de votre sexualité une pratique régénératrice et non une source de déperdition d'énergie.
- Adoptez une pratique physique régulière de sport, de détente ou de mouvement, au moins sur un rythme hebdomadaire.

CHAP. 10

POUR S'INFORMER DAVANTAGE ET SE FAIRE AIDER

Nous allons lister ici toute une série d'organismes auprès desquels vous pourrez trouver des informations supplémentaires et de l'aide si vous en ressentez le besoin, afin de retrouver une vie équilibrée en matière d'exposition aux écrans. ***N'hésitez pas à rechercher et solliciter de l'aide.***

Commençons par évoquer une série d'interlocuteurs médicaux et psychologiques auprès desquels vous pouvez obtenir un accompagnement personnalisé si vous en ressentez la nécessité.

- Vous pouvez parler à votre médecin généraliste et lui demander éventuellement de vous fournir des contacts spécialisés.
- Voici, en France, les différentes structures pouvant apporter une aide spécialisée :
  - Les CMPP : 300 centres médico-psychopédagogiques (CMPP) susceptibles d'aider des enfants et adolescents en prise avec un excès d'écrans. À noter que 2 000 centres médico-psychologiques (CMP) peuvent répondre aux besoins d'adultes également.
  - Les CSAPA : centres de soins, d'accompagnement et de prévention en addictologie.
  - Les CJC : consultations jeunes consommateurs.
  - Les addictologues exerçant en libéral.
  - Les services d'addictologie des hôpitaux.

Le site Internet : addictaide.fr fournit un annuaire recensant tous ces acteurs sur le territoire français, avec une carte interactive permettant de localiser tous ceux situés à proximité : addictaide.fr/annuaire/.

Informations et outils pour agir

Actioninnocence.org : ONG suisse qui vise à préserver la dignité et l'intégrité des enfants sur Internet.

Alertecran.org : site de l'association Alerte Écrans, pour la réduction du temps d'écran.

Balancetonsite.com : site permettant de signaler des contenus Internet inappropriés aux enfants.

Commonsensemedia.org : en anglais, association américaine visant à éduquer parents et enfants face aux médias et à la technologie.

Ennocence.org : association qui a pour objectif de protéger les enfants contre les risques d'exposition à la pornographie en ligne.

Filmages.ch : site francophone permettant d'avoir un avis sur les âges limites recommandés pour des films.

healthychildren.org/English/media : en anglais, site de l'Association américaine de pédiatrie, proposant notamment l'élaboration personnalisée d'une charte familiale d'utilisation des écrans.

Lebonusagedesecrans.fr : initiative de l'Institut d'éducation médicale et de prévention visant à informer sur les risques et les bons usages liés aux écrans. Concerne plutôt les adultes.

Surexpositionsecrans.org : collectif visant à lutter contre la surexposition des enfants aux écrans (CoSE).

3-6-9-12.org : site autour de la méthode 3-6-9-12 élaborée par le psychiatre Serge Tisseron.

Informations et aides

Addictaide.fr : site français d'information et d'aide face aux comportements addictifs – dont les écrans. Avec l'annuaire des structures médicales et psychologiques pouvant apporter de l'aide : addictaide.fr/annuaire/.

Addictionsuisse.ch : site suisse d'information et d'aide face aux addictions – dont les écrans.

E-enfance.org : association française soutenue par le ministère de l'Éducation nationale et de la Jeunesse – conseil et sensibilisation sur les bonnes pratiques d'Internet, avec notamment **un service d'information et d'aide face au cyberharcèlement et une ligne téléphonique dédiée**, ainsi que **des comparatifs détaillés de différentes solutions de contrôle parental pour tous les types d'écrans** (smartphone, ordinateur, tablette, console).

Conclusion

Comme nous l'avons constaté ensemble, gérer l'exposition des enfants aux écrans constitue l'un des plus grands défis qui se posent aux parents d'aujourd'hui. Les risques et les enjeux sont tels que nous devons prendre ce sujet à bras-le-corps.

Les efforts que nous déploierons dans ce but sont porteurs de nombreux fruits. Planter et surveiller une petite pousse d'arbre requiert quelques efforts, mais l'arbre majestueux qu'il deviendra et les nombreux fruits qu'il produira chaque année constituent une récompense bien au-delà du centuple de l'effort initial. De même, les efforts nécessaires face au problème des écrans peuvent être grandement payés en retour. Contribuer à l'épanouissement profond d'un enfant fait en soi partie des plus grandes œuvres humaines. De surcroît, à travers nos efforts de conscience, de compréhension, de compassion, d'habileté, d'exemplarité, nous développons nous-mêmes une plus grande maturité dans la vie. **Voyez comme tout le monde est gagnant lorsque par amour nous nous efforçons d'œuvrer au bien des enfants qui nous entourent.**

Enfin, une fois que vous serez parvenu à infléchir positivement l'exposition aux écrans de votre enfant, celui-ci finira par se rendre compte du bien que vous vous êtes efforcés de lui apporter. **À travers une telle épreuve, franchie ensemble avec amour et guidance, se tissent de formidables liens** de cœur parent-enfant, scellant une profonde relation de confiance, à vie.

Lancez-vous sans attendre, et posez les premiers jalons sur ce chemin qui s'ouvre à vous.

Merci à Natacha, et à nos enfants.

Notes – Études scientifiques

1. Exemple.
2. Étude Esteban 2014-2016 de l'Insee, Étude INCA 3 2014-2015 de l'Anses.
3. Common Sense Census, *2017 Media Use by Kids Zero to Eight, 2016 Media Use by Tweens and Teens.*
4. Ibid.
5. Common Sense Census, *2016 Media Use by Tweens and Teens*, op. cit.
6. Étude Esteban 2015 de l'Insee, France, *op. cit.*
7. Par exemple :
   - 1995: Comstock G. *Television and the American Child. Thinking and Literacy: the mind at work.* New York: LEA 1995, p. 101-23 ;
   - 2007, Jeffrey Johnson, New York State Psychiatric Institute, *Archives of Pediatrics & Adolescent Medicine* (vol. 161, p. 480) ;
   - 2015 *International Journal of Behavioral, Nutrition and Physical Activity,* étude à l'université de Cambridge, Dr Kirsten Corder.
   - 2018 Poulain T., Peschel T., Vogel M., Jurkutat A., Kiess W., *Cross-sectional and longitudinal associations of screen time and physical activity with school performance at different types of secondary school,* BMC Public Health.
8. Johnson J. G., Cohen P., Kasen S., et al., *Extensive Television Viewing and the Development of Attention and Learning Difficulties during Adolescence*, Archives pédiatriques adolescent Med 2007 – 161: 480-6.
9. Étude INCA 3 de l'Anses 2014-2015, op. cit.
10. Common Sense Census, *2016 Media Use by Tweens and Teens, op. cit.*
11. Marie Louise Mares, Emory Woodard, *Positive Effects of Television on Children's Social Interactions: A Meta Analysis, Media Psychology*, 7, p. 301-322.
12. Isabela Granic, Adam Lobel, Rudgers CME Engels, *The Benefits of Playing Video Games*, Radboud University Nijmegen – *American Psychologist*, janvier 2014.
13. Owens J., Maxim R., McGuinn M., et al., *Television-viewing habits and sleep disturbance in school children, Pediatrics,* 1999;104:e27.
    Zimmerman F. J., *Children's media use and sleepproblems: issues and unanswered questions*, The Kaiser Family Foundation, 2008.

14. *Harvard Health Publishing, Harvard Health Letter*, May 2012, Updated Aug 2018.
15. Baromètre 2017 de l'AsnaV, France.
16. Corder, K. et al., *Revising on the run or studying on the sofa, International Journal of Behavioral Nutrition and Physical Activity*; 4 Sept. 2015.
17. B. Harlé, M. Desmurget, *Effets de l'exposition chronique aux écrans sur le développement cognitif de l'enfant,* Archives de Pédiatrie 19 (2012), p. 772-776.
18. Corder, K. et al., *Revising on the run or studying on the sofa, op. cit.*
19. Erik Peper, Richard Harvey, *Digital Addiction: Increased Loneliness, Anxiety and Depression*, Neuroregulation, vol. 5, no 1 (2018).
20. Association *Ditch The Label*, UK.
21. *Social Media Use and Children's Well Being*, IZA Discussion Paper N° 10412, University of Sheffield, UK.
22. Étude Fondapol, *Les addictions chez les jeunes*, juin 2018.
23. Étude de l'Association Ennocence, 2016.
24. B. Harlé, M. Desmurget, *Effets de l'exposition chronique aux écrans sur le développement cognitif de l'enfant, op. cit.*
25. Greitemeyer, T., & Mügge, D. O. (2014), *Video games do affect social outcomes: A meta-analytic review of the effects of violent and prosocial video game play, Personality and Social Psychology Bulletin*, 40 (5), 578-589. DOI: 10.1177/0146167213520459

DERNIERS TITRES PARUS DANS LA COLLECTION

C'EST FINI / C'EST PARTI !

128 pages • Prix : 6,90€

Dépôt légal : mai 2019 - Achevé d'imprimer en avril 2019
Imprimé en Croatie